BESSER SCHREIBEN

Gert Richter

**Begleit- und Arbeitsbuch
zum Seminar "Schreiben"**
Schreib.Academy
Uttwil

Detaillierte Informationen zu den
Seminaren der Schreib.Academy Uttwil
sowie zu den aktuellen Seminarterminen
finden Sie im Internet unter
https://schreib.academy

Inhalt

5

Zweiter Teil:
Die Grundsteine legen

Dritter Teil:
Besser schreiben

Los geht's!

Ich hätte dieses Buch ja gern "*Gut schreiben*" genannt. Aber das kam mir anmassend vor. Was heisst schon "gut"? Das ist Geschmackssache und Moden unterworfen. Nein, "gut" - das ist ein wackliger Boden. Und ob ich derjenige bin, der über "gut schreiben" schreiben kann, das muss auch dahingestellt bleiben.

Besser schreiben, das kann man lernen. Besser werden kann man immer.

Lassen Sie es uns versuchen.

Die Gliederung dieses Buches folgt im Wesentlichen dem Seminar "Schreiben", das in der

Schreib.Academy Uttwil

in kleinen Gruppen abgehalten wird. Dieses Seminar kümmert sich um das Thema: *Wir entwickeln einen Roman* - und das tun wir dort auch. Gemeinsam. Im Gespräch und in praktischen Übungen.

Dieses Buch enthält diese praktischen Übungen, sogar ein paar mehr als im Seminar. Mehr deshalb, weil Sie hier nicht zeitlich beschränkt sind - wir müssen schliesslich nicht um 17 Uhr fertig sein.

Ich empfehle Ihnen dringend, diese Übungen nicht einfach zu übergehen, sondern wirklich zu machen. Schreiben lernt man nicht durch Lesen, sondern durch praktisches Tun, und das heisst logischerweise: *Schreiben*.

Aber vielleicht lesen Sie das Buch einfach einmal durch und kehren dann zu den Übungen zurück. Das ist vermutlich der beste Weg.

Folgende Themen erwarten Sie in etwa:

Das Drumherum

Was ist dramatisches Schreiben?
Wie findet man Ideen?
Das stille Kämmerlein
Abtauchen

Die Grundsteine legen

Wie anfangen?
Plot oder nicht Plot?
Figuren lebendig werden lassen
Übermächtige Wünsche

Besser schreiben

Strukturen geben Halt und Richtung
Einen guten Anfang machen
Die dramatische Mitte
Ein gutes Ende finden
Im Anfangsteil wird sehr viel **Technik** präsentiert
(und geübt), die man überall brauchen wird:

Setting: Ort, Zeit, Ton
Figuren einführen
Beschreibungen
Perspektiven

Ich habe in diesem Buch Wert darauf gelegt, Ihnen nicht einfach nur trocken belehrende Theorie vorzusetzen. Wer mag das schon? Das ist langweilig und eine Zumutung für die Leser. Es gibt genug Schlaubücher, die genau das tun, und ich habe den Eindruck, einer schreibt vom anderen ab.

Ich fand es interessanter, den Originalton von Schriftstellern einzubeziehen: Was sagen Autoren wie *Stephen King, John Steinbeck, Goethe* über das Schreiben? Wie machen sie es? Wenn wir schon lernen wollen, wie man besser schreibt, lernt man es doch am besten von denen, die es können. Fand ich jedenfalls.

So, jetzt fangen wir aber an!

Erster Teil

Das Drumherum

Was ist dramatisches Schreiben?
Wie findet man Ideen?
Wie überwindet man den Inneren Controller?
Das stille Kämmerlein
Abtauchen

Worum geht's denn überhaupt?

Schreiben und Schreiben sind zwei Paar Stiefel. Beamte füllen Formulare aus, Juristen verfassen Schriftsätze, Professoren müssen gelehrte Fachbücher veröffentlichen, Journalisten erklären uns die Welt aus ihrer Sicht, Jobsucher schreiben Lebensläufe, manche schreiben Briefe, viele schreiben Emails, und wer auch das nicht mehr mag, tippt Messages ins Smartphone oder twittert, was das Zeug hält. Facebook, die Datensammelkrake, nicht zu vergessen.

Ja, das alles ist Schreiben, vom universell verständlichen Emoji bis zu allerfeinster, hochakademischer, für uns total unverständlicher Nobelpreisqualität. Aber Fach- und Sachtexte meinen wir hier nicht, und das Absondern von Buchstaben schon gleich gar nicht.

Beispiel gefällig? Ich zitiere hier aus Peter Faulstich, Lernen; in: Faulstich-Wieland, Faulstich: Erziehungswissenschaft. Ein Grundkurs. Hamburg, 2008:

"Mit der Betonung von Erkenntnis im Verhältnis von Erfahren und Begreifen sowie von Vermitteln als Nachdenken und Selbsttätigkeit in der philosophischen Tradition ist die Perspektive geöffnet für eine phänomenologisch-hermeneutische Sichtweise auf Lernen (Kap. 2.4), welche auf einen umfassenden Begriff von Erfahrung abstellt, der über Beobachtung hinausgeht und sowohl die erschliessende Kraft von Sprache als auch den

14

Rückbezug auf Leiblichkeit einbezieht (Buck 1967; Meyer-Drawe 1982, 2003)."

Immer wieder stehe ich in Ehrfurcht erstarrt vor diesem unverdaulichen Satzbrocken (68 Wörter) und überlege, wie man ihn dem Verfasser wohl an den Kopf werfen könnte, so dass es weh tut - damit auch der *Rückbezug auf die Leiblichkeit* einbezogen ist und der gute Mann etwas über die *erschliessende Kraft von Sprache* lernt.

Wir aber wollen lieber ganz brav und bescheiden auf dem Teppich bleiben und erklären feierlich:

Unter 'Schreiben' verstehen wir hier dramatisches Schreiben, kreativ gestaltetes Schreiben. Geschichten werden erzählt, es passiert was, und wem passiert es? Menschen.

Es spielt dabei nicht so sehr eine Rolle, ob die Geschichten wahr sind oder erfunden. "*Was ist Wahrheit*", hat mal ein römischer Statthalter resigniert gesagt, bevor er sich die Hände in Unschuld wusch. Es kommt darauf an, ob die Geschichte interessant ist oder ob sie ihre Leser, Zuhörer, ihr Publikum zum Gähnen langweilt.

Das erste (und einzige) Gebot:

Eine erzählenswerte Geschichte muss davon handeln, wie jemand mit einer XXL-Schwierigkeit fertig wird. Sonst ist sie uninteressant.

Interessante Geschichten werden in verschiedenen Verpackungen angeboten: als Kurzgeschichte, Novelle, Roman. Der Unterschied liegt nicht nur in der Länge, sondern natürlich auch darin, dass man auf vielen Seiten mehr unterbringen kann - Betrachtungen von der Seitenlinie aus, Beschreibungen, zusätzliche Handlungsstränge, mehr Personen.

Ob das dem Buch gut tut, ist eine andere Frage.

Im Ernst: Die beliebteste Buchreihe der Welt ist "**Reader's Digest Auswahlbücher**". Es gibt sie seit 1950; pro Jahr erscheinen inzwischen sieben davon, und jedes einzelne enthält vier heftig gekürzte Romane. 'Heftig' heisst konkret 20-50%, manchmal sogar 60 Prozent. *Christian Berger,* der Projektleiter der deutschen Version, sagt dazu:

"Viele Menschen empfinden Unterhaltungsromane als oft sehr ausführlich, geradezu langatmig. Eine wichtige Rolle spielt dabei das immer stärker werdende subjektive Gefühl von Zeitmangel – das betrifft eigentlich uns alle, egal ob Manager oder Rentner.

Unsere Leser schätzen es, wenn sie in überschaubarer Zeit einen Roman lesen können und nicht im Laufe von 500 Seiten den Überblick verlieren. Aber Verlage können nun mal für dicke Bücher mehr Geld verlangen – und machen daher oft den Autoren Vorgaben, einen bestimmten Mindest-umfang zu erreichen. Da passiert es schnell, dass nicht alles, was seinen Weg zwischen zwei Buchdeckel findet, auch wirklich für einen Roman wichtig ist. Und das nehmen wir dann wieder heraus."

Das macht nachdenklich, finden Sie nicht?

Und wenn es keine Fiktion ist?

Dass dieses Erste Gebot mit der XXL-Schwierigkeit für Kurzgeschichten, Novellen, Romane gilt, leuchtet ein. Für Fiktion also. Aber gilt es auch für Biographien? Memoiren? Oder Reiseberichte?

Pappweiche Antwort: Es kommt darauf an. Wenn man nur für sich selber schreibt, dann ist es egal. Dann kann man machen, was man will. Wird ja nicht von Fremden gelesen. Vielleicht nicht einmal von der Familie.

Aber schade wär's schon, oder? Und wenn wir uns vorstellen, dass wir für unsere Lebensgeschichte (oder die unserer Mutter), unseren Bericht über *Die abenteuerliche Reise nach Absurdistan* doch einmal Leser finden möchten, dann tun wir sicherlich gut daran, ein bisschen Pfeffer und Salz dranzugeben. Will heissen: Das dramatische Handwerkszeug aus dem Werkzeugkoffer zu holen und anzuwenden.

Das hat nichts mit Übertreibung oder gar Erfindung zu tun.　Sondern eher mit Konzentration auf das Wesentliche: weglassen, kürzen, den Text schlanker machen, die Konturen schärfer ziehen, Spannung aufbauen, den Leser in Bann ziehen - warum soll man das nicht auch in einer Geschichte tun, die auf Erlebtem beruht? Auch hier gilt, dass eine erzählenswerte Geschichte davon handelt, wie man mit einer XXL-Schwierigkeit fertig wird. Sonst ist sie nur *subjektiv* interessant. Mit anderen Worten: Der Autor hat es nicht geschafft, das herauszuarbeiten, was auch für den Leser interessant ist.

Schade drum.

Eines der schönsten Beispiele für einen wunderbaren Reisebericht ist **Die Reise mit Charley** (im Original: Travels with Charley) von *John Steinbeck*. Mit 58 Jahren, verunsichert durch einen zweiten Schlaganfall, bestellt der seit frühester Kindheit von Fernweh geplagte John Steinbeck einen Dreiviertel-tonner mit Aufbauten nach seinen Plänen, einer Schiffskajüte nachempfunden (es gab noch keine Wohnmobile), belädt seine "Rosinante" mit viel zu viel und weitgehend überflüssigem Zeug, lässt seinen Pudel Charley auf den Beifahrersitz klettern und fährt los. Von Long Island geht es quer über den Kontinent bis Seattle, und weil der Winter vor der Tür steht, wendet er sich nach Süden, besucht seine alte Heimat Kalifornien (und stellt fest, dass es nicht mehr seine Heimat ist), den mittleren Westen, Texas, New Orleans, die Südstaaten mit ihren damals hochvirulenten Rassenproblemen. Wir schreiben das Jahr 1960 - die Nationalgarde musste kleine schwarze Kinder schützen, wenn sie zur Schule gingen.

Nicht umsonst heisst der Untertitel dieses Buches *"Auf der Suche nach Amerika"*. John Steinbeck hatte festgestellt, dass er im Lauf der Jahre den Kontakt zu seinen Mit-Amerikanern verloren hatte. Er wusste nicht mehr, wie sie denken, fühlen, hoffen, arbeiten, sprechen. All das wollte er im buchstäblichen Sinne erfahren, und so besuchte er 34 Staaten in 11 Wochen. Warum er sich ausgerechnet den Winter dafür ausgesucht hat, sagt er nicht. Aber ein Grund für diese Reise war es, dass Steinbeck wissen wollte, ob er sie überlebt: *"If this projected journey should prove too much then it was time to go anyway."* (Wenn sich diese geplante Reise als zu viel erweisen würde, dann wäre es sowieso Zeit zu gehen.)

Natürlich langweilt uns ein grosser Autor wie Steinbeck nicht mit einem detaillierten Reise-tagebuch. Statt dessen bringt er die Dinge auf den Punkt, durch kleine, aufgelesene Gesprächs-schnipsel, die in wenigen Worten alles sagen. Dazwischen ein paar kluge und erstaunlich weit-sichtige Reflexionen - immerhin sitzt er tagelang hinter dem Steuer und hat massenhaft Zeit zum Nachdenken.

Zugegeben, wir sind keine Steinbecks, aber das Beispiel zeigt, was möglich sein könnte. Was man dem Buch nicht ansieht: Es entspricht nicht ganz der Wahrheit. Steinbeck hat nichts erfunden oder hinzugefügt, aber eine ganze Menge weggelassen, was den Erzählungsbogen stören würde: Pausen, Unterbrechungen, Banalitäten. Tausende von stumpfsinnigen Highwaykilometern. Treffen mit seiner Frau *Elaine*, irgendwo unterwegs im Hotel. Und das hat das Buch besser gemacht. Weniger, wir wissen es, ist oft mehr. Besonders in Büchern.

Was für Reiseberichte gilt, trifft im übertragenen Sinne auch für Biographien und Memoiren zu. Denn Reiseberichte sind schliesslich nur ein kleiner Ausschnitt aus einem Leben, und wenn man viele Ausschnitte aneinanderfügt, hat man seine Lebensgeschichte aufgeschrieben.

Wenn man's recht bedenkt: Was ist eine (Auto-) Biographie anderes als ein Reisebericht durch die Stationen, Irrungen, Wirrungen, Hoffnungen, Leistungen, Beziehungen, Lieben, Verluste, die ein Leben ausmachen?

Aber niemand zwingt einen, das brav linear und chronologisch zu erzählen. Niemand zwingt einen, seine Leser zu langweilen.

Ideen oder Situationen?

Gibt es da wirklich einen Unterschied? Sind Idee und Situation nicht Synome, jedenfalls in unserem Zusammenhang?

Ideen schiessen zwar nicht wie Pilze aus dem Boden, aber man findet man sie einfach durch blosses Hingucken - vorausgesetzt, man geht mit offenen Augen durch die Welt. Pilzsucher entwickeln einen Blick dafür, und Ideensucher können das auch. Situationen sind da. Überall. Immer.

Auf die Offenheit kommt es also an. Man kann an der roten Fussgängerampel stehen und ungeduldig darauf warten, bis es endlich Grün wird. Oder man kann die Zeit nutzen und sich die Leute auf der anderen Strassenseite etwas genauer ansehen:

```
Zwei Frauen, mindestens 50, bis in
Wadenmitte hochgekrempelte Hosenbeine,
Sandalen, Sonnenbrille, sie reden mit-
einander, die eine sagt etwas, die
andere schaut schnell zu ihr hin, nickt
und lacht. Worüber?
```

Das wissen wir nicht, aber niemand hindert uns zu phantasieren:

Freundinnen, die sich nach langer Zeit mal wieder getroffen haben? Weisst du noch, sagt die eine, und die andere nickt und lacht …

Und daraus soll eine Idee werden? Warum nicht:

Weisst du noch,

- wie sie uns in Nizza das Auto geklaut haben?
- wie WIR in Nizza das Auto geklaut haben?
- wie du mit Adam am Bahnhof verabredet warst, aber statt dessen kam Wolfgang? (Ja, und jetzt sind wir verheiratet!)

Ideen findet man auch in der Zeitung. Heute stand da zum Beispiel:

Sie beklaute ihren Patienten statt ihm zu helfen.

Was für eine Gemeinheit, aber für uns: was für eine schöne Vorlage!

Wer ist sie? Wie heisst sie? Ist sie Krankenschwester / Sanitäterin / Ärztin? Warum braucht sie das Geld? Und wer ist der Patient? Krankheit oder

Unfall? Warum trägt er so viel (wie viel?) Geld bei sich? Woher weiss sie davon? Warum klaut sie es? Warum glaubt sie, dass sie nicht entdeckt wird? Wer entdeckt den Diebstahl? Der Patient? Wie reagiert er? Könnte sich vielleicht sogar eine Liebesgeschichte daraus entwickeln?

So viele Möglichkeiten!

Und hier die Nummer drei. Im Radio (Swiss Classic) spielen sie gerade ein wunderschönes Klavierkonzert von Mozart (Es-Dur, op. 25). Nein, nicht von Wolfgang Amadeus, sondern seinem jüngsten Sohn Franz Xaver. Nie gehört? Das ist es eben. Franz Xaver, den alle nur 'Wolfgang Amadeus Sohn' nannten, schrieb es mit 17 Jahren, und es steht den Konzerten seines Papa in keiner Weise nach. Sein Leben, im Schatten des berühmten Vaters (den er nie bewusst kennengelernt hat), könnte einen spannenden Stoff abgeben für einen Roman über das Dilemma eines hochbegabten Künstlers, der mit den richtigen Genen, aber dem falschen Namen geboren wird.

Wenn es nur so einfach wäre.

Ideen liegen also auf der Strasse. Man muss nur ein bisschen achtsam sein, und schon fallen einem lauter Begebenheiten auf, oder Dinge, die man so noch nie gesehen hat, und daraus kann sich eine Idee ergeben.

Ach ja?

Das ist schon recht, aber das interessante Wort dabei ist "kann". Wie bei allen diesen oberschlauen Ratschlägen ist das Problem, dass sie richtig sind - aber eben nur halb. Sie sind wie Klavierlektionen im Internet: Nimm diesen Fingersatz, üb damit deine Tonleitern, und schon kannst du die Hälfte aller Klavierliteratur spielen, denn woraus besteht Musik denn, wenn nicht aus Tonleitern und Akkorden.

Ja, schon, jetzt kann ich zwar auf die richtigen Tasten drücken, aber noch lange keine Musik machen.

Bei den guten Ratschlägen der Schlaubücher für kreatives Schreiben ist das nicht viel anders. Es ist schon richtig, dass man hingucken muss, wenn man etwas sehen will. Es ist auch richtig, dass man seine Phantasie ankurbeln kann, wenn man fragt: Was wäre, wenn ...? Es ist richtig, dass diese Technik zu einer Menge von Ideen führen kann.

Und da ist es wieder, dieses "kann".

Sicherlich kann es nicht schaden, wenn man aufmerksam durch die Welt geht, genauer hinschaut als sonst, ein Notizbuch mit sich führt, seine Beobachtungen aufschreibt. Es ist vermutlich sogar eine ganz gute Angewohnheit. Und es ist sicherlich auch eine gute Übung, Begebenheiten gedanklich miteinander zu verknüpfen, die eigentlich gar nichts miteinander zu tun haben.

Ein verspielter Hund zum Beispiel, der ziellos durch seine Welt stromert. Eine S-Bahn, die an der Endstation wartet. Und dann steigt der Hund ein und die Bahn fährt ab.

Daraus kann sich eine Menge entwickeln, oder?

Aufgeregte Leute in der Bahn. Ist das Ihrer? Hundeabenteuer in der Stadt. Der aufgeregte Sportstudent, dem der Hund entlaufen ist. Die coole junge Frau, die ihn anruft (Telefonnummer auf der Plakette am Halsband) und ihm den Hund zurückbringt, und er bedankt sich mit einer Einladung zum ...

Oder die Frau, die in der Mittagspause schnell im Supermarkt was einkaufen

will. Und der hungrige Spatz, dem es zu
heiss ist.

Was machen wir daraus?

Als die Frau den Supermarkt betritt –
die Glastüren gehen auf –, fliegt der
Spatz mit hinein. Was jetzt? Da liegen
leckere Brötchen, Schlaraffenland, man
braucht nur zuzupicken. Die Verkäuferin
mit dem Plastikhandschuh versucht, das
Spätzlein zu vertreiben. Es fliegt nach
oben und wird von der Abluftanlage an-
gesaugt. Oh Gott! Der Ventilator
stockt, der Motor läuft heiss,
Kurzschluss, Kabelbrand, Feueralarm ...

Nein!!!

Wie man sieht, kann man alles Mögliche miteinander
verknüpfen. Aber wer die Fähigkeit zum Fabulieren,
Spintisieren, nicht eingebaut und trainiert hat, bei
dem passiert nicht viel.

Das Problem ist schlicht: **Hemmungen**. Vielleicht
kommt die Phantasie ja doch ein bisschen in die
Gänge, aber dann sagt der **Innere Controller**: Stop!
Du kannst doch nicht so ein armes Spätzchen in
einem Ventilator verrecken lassen, wie grausam,

nein, so etwas schreibe ich nicht, so etwas denke ich nicht einmal. Damit will ich nichts zu tun haben.

Und das ist das wirkliche Problem.

Wir müssen nicht nur das Hingucken und das Verknüpfen üben, sondern auch, wie wir mit unserer inneren Einstellung dazu umgehen. Wir müssen lernen, viel offener zu werden. Wir müssen lernen, auch die finsteren, giftigen Ideen in uns zu akzeptieren, sie uns zu gestatten, sie dann auch noch zu Papier zu bringen. Das könnte ja jemand lesen, und was würde sie/er von mir denken?

Wir müssen lernen, uns zu entblössen.

Aber wer tut das schon gern? Wie die grosse französische Schauspielerin *Juliette Binoche* sagte, als man sie nach ihrer Einstellung zu Nacktszenen fragte: "*Ich bin genau so schamhaft wie jeder andere auch.*"

Schriftsteller wenden einen Trick an. Sie tun so, als würden sie sich nicht selbst entblössen. Sie erfinden eine Figur, einen Charakter, eine Person, und die tut das. Ohne diese Distanz würde es sehr, sehr schwer, sich so weit zu öffnen und verletzlich zu zeigen.

Freilich, das ist ein bisschen schizophren, und nicht umsonst hat mal einer gesagt, dass Schreiben

bedeutet, sich Tag für Tag in ein Zimmer einzu-
sperren und dabei zu versuchen, nicht verrückt zu
werden. Selbst wenn wir uns hinter unseren Figuren
verstecken, müssen wir ja erst einmal gedacht und
gefühlt haben, was in unseren Figuren dann vorgeht.

Aber das ist in jeder Kunst so. Der angeblich ach so
kindlich-fröhliche Mozart muss eine ganze Menge
gelitten haben, um sein *Lacrimosa* schreiben zu
können.

Natürlich musste *Dostojewski* niemanden umbringen,
um sich wie Raskolnikoff zu fühlen. Aber er musste
es sich vorstellen, es innerlich durchleben, die
Konflikte, die Zweifel, die Gedanken, die Tat. Wer
schreiben will, muss das tun, und wer es nicht kann,
muss es lernen. Und üben. Immer wieder üben.

Schauspielern geht es nicht viel anders. Es reicht
nicht, sich auf eine Bühne zu stellen und "*Sein oder
Nichtsein*" zu sagen. Die Worte allein machen noch
lange keinen Hamlet. Und einfach nur Farbe deko-
rativ auf einer Leinwand zu verteilen macht auch
keinen Maler (auch wenn das offenbar manche Leute
glauben).

Ich glaube, dass die wirkliche Übung darin besteht,
mit sich selbst vertraut zu werden. Den Mut zu
haben, sich selbst anzuschauen. Und die Ehrlichkeit,
sich selbst einzugestehen: **So bin ich.**

Leichter gesagt als getan.

DO IT YOURSELF

Sich selbst besser kennenlernen

Die folgenden Übungen sollen dabei helfen. Aber ich bin mir völlig darüber im Klaren, dass dies nur ein kleiner Anfang ist. Babykrabbeln, vom aufrechten Gang noch weit, sehr weit entfernt. Aber vielleicht eine Anregung, sich an die ersten Schrittchen zu wagen. Den grossen Zeh ins kalte Wasser zu strecken. Und dann, vielleicht, hineinzuspringen.

Wenn's so weit ist.

Man könnte sich zum Beispiel hinsetzen und sich ein simples Thema geben, wie etwa:

Ich bin ein Vulkan.

Na, dann schreiben Sie mal! Eine Viertelstunde lang. Das reicht für den Anfang. Nicht denken. Schreiben. Rauslassen. Ihr Innerer Controller hat Pause.

Noch ein paar Ideen?

Variieren Sie den Vulkan:

Ich bin ein(e) …
* Birke

31

- Löwe
- Kind
- Auto
- Bäuerin
- Mörder
- Napoleon …

Oder:

- Der Fahrstuhl bleibt stecken.
- Ich habe mich in Paris / im Gebirge / im Kloster verirrt.

Oder:

Warum macht er/sie nicht auf?

Oder:

Allein.

Sie können auch gern eigene Ideen verwenden. Später. Fangen Sie erst einmal mit diesen hier an, damit Sie ein Gefühl dafür bekommen, wie das geht.

Es geht, um es noch einmal deutlich zu sagen, nicht um literarische Qualität. Niemand, auch Sie selbst nicht, werden je sagen, ob das gut oder schlecht war, was Sie da zu Papier gebracht haben. Das ist egal.

Es geht nur darum, dass Sie sich öffnen. Dass Sie Ihren Inneren Controller zum Teufel schicken. Dass Sie all dem, was in Ihnen steckt, erlauben, herauszukommen und sich zu zeigen. Dass Sie sich dem stellen und es nicht eingesperrt lassen, weil es Ihnen vielleicht Angst macht. Weil es mit Ihren Vorstellungen von Gut und Böse kollidiert. Und mit all dem, was Sie bisher so über sich gedacht haben.

Das kann eine spannende, lehrreiche, befreiende Erfahrung sein. Ja, auch beängstigend. Aber lohnend: Sie lernen einen faszinierenden Menschen mit vielen Façetten kennen - sich selbst.

Gnothi seauton.
Erkenne dich selbst. Nur Mut!

Just do it.

Johann Sebastian Bach war ein grosser Meister der Improvisation. Er setzte sich ans Klavier, das man damals noch mit "C" schrieb (und das auch anders klang), und fing einfach an. Man konnte ihm auch irgendein Thema geben (Friedrich der Grosse zum Beispiel hat das getan), und Bach machte spontan eine dreistimmige Fuge daraus, einfach so. Mozart konnte das auch, und Beethoven, und ... Alle konnten das. Sie alle hatten gelernt, loszulassen. Der Appetit kommt beim Essen, und die Ideen kommen beim Spielen - oder beim Schreiben, womit wir wieder beim Thema wären.

Was Bach und Mozart und Beethoven gemeinsam haben, ist natürlich, dass sie nicht nur Genies waren, sondern vor allem die Technik beherrschten wie ihre Muttersprache. Bach war einer der besten Pianisten seiner Zeit (man nannte sie damals noch nicht so), so gut, dass sich sein Konkurrent, der französische Virtuose Louis Marchand, am Abend vor einem Wettbewerb klammheimlich davon machte.

Und das Wunderkind Mozart? Wenn Wolfgang Amadeus von seinem dritten Lebensjahr an jeden Tag fünf Stunden geübt hat (und zeitgenössische Quellen besagen, dass es sehr wohl mehr gewesen sein könnte), dann hat er in den drei Jahren bis zu seinem Debut als sechsjähriger Knirps bereits über 5000 Stunden Klavier geübt. Zum Vergleich: Dafür müsste ein normales Kind, das mit sechs Jahren mit dem Klavier beginnt und täglich, ausser am Wochenende, eine Stunde übt, 25 Jahre alt werden. Aber welches normale Kind übt schon eine Stunde pro Tag?

Wenn man die Technik beherrscht, kann man leichter improvisieren. Beherrscht man sie nicht, kommt Stümperei dabei heraus, und das ist beim Schreiben nicht anders.

Das einzige Mittel dagegen ist: **Üben.** Es immer wieder tun, nicht mechanisch, sondern aufmerksam (neudeutsch: achtsam!) und mit dem Ziel, sich zu verbessern. Hat bei Bach funktioniert, bei Beethoven, bei Mozart, der von sich selbst sagte: *"Ueberhaupt irrt man, wenn man denkt, daß mir meine Kunst so leicht geworden ist. Ich versichere Sie, lieber Freund! niemand hat so viel Mühe auf das Studium der Komposition verwendet als ich. Es giebt nicht leicht einen berühmten Meister in der Musik, den ich nicht fleißig, oft mehrmal durchstudirt hätte.«*

Bei Schriftstellern ist das nicht anders. Es fliegt keinem einfach so zu. 10 Prozent Talent, neunzig Prozent Fleiss.

Stephen King, ob man seine Bücher mag oder nicht - Horror ist nicht jedermanns Genre, aber er verkauft nun mal Hunderte Millionen von Büchern - verlässt seine Schreibstube nicht, bevor er 2000 Wörter geschrieben hat. Sechs bis zehn Seiten. Am Tag. (Übrigens: Das einzige Buch, das ich von Herrn King je gelesen habe, ist **On Writing: A Memoir of the Craft**, und das kann ich Ihnen wärmstens empfehlen).

Stirling Silliphant werden Sie vermutlich nicht kennen - er war Drehbuchautor und hat unter anderem einen Oscar für das Drehbuch von **In der Hitze der Nach**t gewonnen. Er sagte von sich selbst, dass er recht undiszipliniert sei; dennoch ginge er nicht zu Bett, bevor er nicht mindestens fünf Seiten Drehbuch geschrieben habe (was bei ihm drei bis vier Stunden dauerte, und er galt als sehr produktiv).

John Steinbeck schrieb jeden Tag etwa 800 Wörter, ausser bei seinem letzten Roman **The Winter of Our Discontent**. Da verdoppelte er sein Tempo. Er schrieb mit der Hand, übrigens. Mit Bleistift.

Und *Elmore Leonard*, der "Dickens of Detroit"? Das sagt er über sich selbst:

"I write every day when I'm writing, some Saturdays and Sundays, a few hours each day. Because I want to stay with it. If a day goes by and you haven't done

anything, or a couple of days, it's difficult to get back into the rhythm of it. I usually start working around 9:30 and I work until 6. I'm lucky to get what I consider four clean pages."

(Ich schreibe jeden Tag, manchmal auch Samstag und Sonntag, ein paar Stunden täglich. Weil ich dranbleiben will. Wenn ein Tag vergeht und du hast nichts gemacht, oder ein paar Tage, ist es schwer, wieder in den Rhythmus zurückzukommen. Normalerweise fange ich gegen halb zehn an und arbeite bis um sechs. Wenn ich Glück habe, kriege ich so vier saubere Seiten zusammen.)

Mit anderen Worten: Sich hinsetzen und auf die Eingebung warten funktioniert nicht. Selbst die, die schreiben können, müssen es jeden Tag tun. Schreiben. Und sie tun es.

A propos: Haben Sie die oben genannten Do-it-yourself-Übungen gemacht?

Ich bin ein Vulkan?

Just do it.

Ja, aber ...

"Gedanken sind nicht stets parat.
Man schreibt auch, wenn man keine hat."
- Wilhelm Busch

Man will und kann sicherlich nicht ewig darauf warten, dass man eine Eingebung hat. Vor allem dann nicht, wenn man Deadlines beachten muss. Aber Druck, so eine alte Journalistenweisheit, macht produktiv. Und so kann man lernen, Ideen dann zu haben, wenn man sie braucht.

Das stimmt leider nur bedingt. Nur zu oft hat man keine wirkliche Idee, sondern nur einen zweitklassigen Einfall. Das ist nicht begeisternd, aber besser als nichts, und wenn man sie gut ausführt, erweisen sich auch eher simple Ideen als ganz brauchbar und tragfähig.

Gibt es Techniken, Ideen auf Knopfdruck zu produzieren?

Nicht wirklich. Eigentlich hilft nur, nicht davonzulaufen. So lange sitzen zu bleiben, bis einem etwas eingefallen ist. Und dann weiter sitzen zu bleiben bis zum zweiten Einfall. Und bis zur dritten Idee.

Seltsamerweise werden die Ideen immer besser, als würden sie sich gegenseitig aufstacheln. Trotzdem kann es passieren (und es passiert oft), dass die eine, die wirklich geniale Idee nicht dabei ist. Macht nichts, wir wählen einfach die beste aus der frischen Produktion und setzen sie so gut wie möglich um. Auch aus "Hänschen klein" kann man etwas machen.

Nun brauchen wir aber mal ein Beispiel.

Angenommen, wir wollen eine Szene schreiben:
`Lisa bekommt heraus, dass Bernd sie betrügt.`

Wo soll diese Szene stattfinden? Ideen sind gefragt.

Die spontane Idee:
`Im Schlafzimmer.`

Klischee, sagt der Innere Controller, tausendmal im Fernsehen gesehen. Egal, kommt auf die Liste.

`Im Wohnzimmer.`

Na ja. Nicht viel besser, aber -
`das Telefon klingelt, Lisa geht dran, eine reichlich selbstbewusste Frauenstimme verlangt, mit Bernd zu sprechen. Und wer sind Sie? fragt Lisa.`

Und wer sind Sie? kriegt sie als
Antwort.

In der Küche. Lisa macht Frühstück,
Bernd möchte auf einmal ein Spiegelei
mit Bacon. Das ist neu. Und er möchte
statt Earl Grey einen starken Kaffee,
schwarz bitte. Wieso denn das, fragt
Lisa. Sonst willst du doch ... Wir
müssen reden, sagt Bernd.

Im Keller. Bernd und Lisa räumen gerade
gemeinsam den Keller auf. Bernd hat
sein Smartphone auf das IKEA-Regal
gelegt. Bing - eine WhatsApp kommt
herein, Lisa sieht sie, wer ist Susan?
fragt sie - und so weiter.

Im Bus. Nachmittag. Lisa fährt mit dem
Bus in die Stadt. Ein Platz ist noch
frei, neben einer hübschen jungen Frau,
die - Bing! - eine WhatsApp kriegt.
Natürlich guckt Lisa. Ein Foto. Ein
Doppelselfie. Die junge Frau ist zu
sehen, und Bernd. Bernd??? Beide sind
nackt, und sie sind im Bett.

Zugegeben, Bernd fährt nicht körperlich mit im Bus,
aber er ist anwesend, und die Bus-Variante könnte
man vielleicht weiter ausbauen.

Wie man sieht, haben sich die Ideen offenbar befruchtet. Eine Idee gibt die andere, es entwickelt sich etwas, und immer mehr. Mit ein bisschen Übung kann man darin richtig gut werden, und es bewahrt einen davor, in die Falle des erstbesten Einfalls zu tappen - meist einem abgegriffenen Klischee.

Brainstorming - so nannte man das früher, wenn man es in der Gruppe machte - funktioniert meist ganz gut. Man muss zwei Regeln beachten:

Erstens, jegliche Kritik ist verboten.
Zweitens, auch der blödeste Gedanke wird aufgeschrieben.

Warum? Weil Kritik den Inneren Controller an die Hebel lässt und so den Gedankenfluss bremst. Und weil auch der blödeste Gedanke der Funke für die berühmte 'zündende' Idee sein kann.

DO IT YOURSELF

Ideen produzieren

Wollen wir es mal probieren? Hier sind ein paar Ideen zum Üben. Schreiben Sie einfach auf, was in den folgende Szenen passiert und wie es weitergehen könnten:

- Was machen wir heute Abend?
- Lore hat im Lotto gewonnen.
- Snoopy hat Bauchweh.

Ich denke, man sollte für jedes Thema fünf bis zehn Ideen entwickeln. Je mehr, desto besser. Quantität geht vor Qualität, aus dem schlichten Grund, dass sich hier die Qualität aus der Quantität entwickelt. Ideen werden besser, je mehr man davon hat.

Das stille Kämmerlein

Schreiben ist schwierig. Schreiben ist intensive Denktätigkeit. Da sind so viele kleine Entscheidungen zu treffen - welches Wort brauche ich hier, von welcher Perspektive aus schreibe ich die Szene, was würden meine Figuren sagen, wo spielt das alles, ist das Tempo richtig, was möchte ich, dass meine Leser denken / hoffen / fühlen / erleben?

Melanie will nach Marseille (wir ahnen, wissen aber nicht sicher, dass sie dort ihren Liebhaber treffen will). Wann sagt sie es ihrem Mann? Beim Zähneputzen im Bad? Beim Frühstück? Im Fahrstuhl? Im Auto? Am Telefon? Per WhatsApp? Gleich? Am Flughafen? Aus dem fahrenden TGV? Erst, wenn sie schon angekommen ist?

Für manche ist das alles offenbar kein grosses Problem. *Mario Puzo* ist bekanntlich der Autor von Bestsellern über die Mafia, und er sollte bei der Umarbeitung seines Romans **The Godfather** (Der Pate) in ein Filmdrehbuch mitarbeiten. Das tat er auch, und er verwendete viel Mühe und Nachdenken darauf. Dann legte er es seinem Produzenten in Hollywood auf den Schreibtisch. Der war gerade am Telefonieren, natürlich - er war immer am Telefonieren. Das hielt ihn aber keineswegs davon ab, sich das Drehbuch vorzunehmen und spontan gleich mal ganze Szenen umzuschreiben. Mit dem Telefonhörer am Ohr. Puzos verwunderter, ein bisschen verärgerter Kommentar: *Die Filmleute denken offenbar, dass die Wörter das sind, was vorne aus dem Kugelschreiber fliesst ...*

Am anderen Ende des Spektrums rangiert der Satz von *Somerset Maugham*, der meinte, dass Schriftsteller die Leute sind, die die meiste Mühe mit Wörtern haben. Ist was dran, oder?

Die Wahrheit für uns Normalsterbliche liegt vermutlich irgendwo in der Mitte. Ganz ohne Denken, ohne Konzentration wird es wohl nicht gehen.

Konzentration?

Ein stilles Plätzchen muss her. Das würde manchen zum Wahnsinn treiben; sie brauchen Trubel, um sich konzentrieren zu können. Es gibt Schriftsteller, die ihre Bücher auf Zugfahrten verfassen. Na gut, diese Information stammt aus einer Kundenzeitschrift der Schweizerischen Bundesbahn, und wer öfter mit dem Zug fährt, kann schon mal Zweifel an der Glaubwürdigkeit dieses Statements bekommen.

Die meisten finden ein stilles Kämmerlein praktischer. Oder den Küchentisch, wenn die Kinder in der Schule sind. Eine Ecke im Schlafzimmer. "Still" kann auch laute Musik heissen, wie für *Stephen King* zum Beispiel (es gibt Kopfhörer, übrigens). Es geht darum, sich von Aussenreizen abzuschirmen, die einen daran hindern, in sich selbst abzutauchen. "*Stilles Kämmerlein*", Sie haben es gemerkt, ist nur eine Metapher.

Hat man ein stilles Kämmerlein gefunden und sich dort an den Tisch gesetzt, kann man darauf wetten, dass man gestört wird. Vor allem am Anfang. Kinder in ihrer ach so unschuldigen Neugier bekommen plötzlich Durst und finden den Wasserhahn nicht mehr. Tante Amalie fällt ausgerechnet jetzt ein, dass wir noch leben und ruft an. Der Postbote, der sonst immer alles vor die Tür legt: heute klingelt er, um ein Päckchen abzugeben. Weil er drei Kreuze auf dem Display braucht, wo man unterschreiben soll. Und wir selbst? Wir erinnern uns, dass man mal die Geschirrspülmaschine anstellen könnte, dass die Blumenkästen verdächtig trocken aussehen, dass die Brille geputzt werden muss und dass ohne Kaffee gar nichts geht.

"*Der Geist hüpft herum wie ein Huhn und versucht, sich vorm Denken zu drücken*", sagte *John Steinbeck* mal, "*wiewohl doch Denken die lohnendste Tätigkeit des Menschen ist*".

Er kannte das also auch.

Was hilft?

Die gute, alte Disziplin hilft. Wir machen uns einen Plan und schwören feierlich, uns daran zu halten:

Jeden Tag von X bis Y Uhr: Schreiben!

Und diesen Plan kommunizieren wir. Mit anderen Worten:

Liebe Kinder, von X bis Y Uhr keine Störung. Keine! Liebes Telefon: Sorry, aber von X bis Y ziehe ich dir den Stecker raus. Wertes Smartphone: Du hältst die Klappe, du wirst auf "nicht stören" und leise gestellt und bleibst im Schlafzimmer unter dem Kopfkissen, damit ich nicht in Versuchung gerate, doch mal zwischendurch auf das Display zu schielen. Haushalt: Du musst warten. Deine Zeit kommt später. Erst das Schreiben, dann der Rest.

Das fühlt sich anfangs ein bisschen an wie Rauchen abgewöhnen. Aber es hilft.

Und nun sitzen wir also im stillen Kämmerlein und starren auf ein weisses Blatt Papier oder einen hellen Bildschirm. Letzterer ist, wie wir alle wissen, ebenfalls mit lauter Versuchungen ausgestattet - von Email bis Google, den neuesten Nachrichten, Facebook, Twitter, dem Kontostand und dem aktuellen Wetterbericht.

Falls Sie es nicht wissen sollten: Viele Schreib-programme kennen ihre Pappenheimer und helfen dabei, Disziplin zu halten. Man schalte einfach den sogenannten *Vollbildmodus* ein. Der füllt den gesam-ten Bildschirm aus. Man kann dann dort nichts tun kann ausser zu schreiben.

Flowstate, ein Programm für Apple Computer, ist sogar so gemein, dass man vorher einen Timer auf, sagen wir mal, 30 Minuten einstellen kann, und dann muss man diese halbe Stunde am Stück schreiben. Macht man eine längere Pause - länger heisst: ein paar Sekunden - dann verschwindet alles, was man bisher geschrieben hat, auf Nimmerwiedersehen. Wirklich. Es wird nichts gespeichert, bis die 30 Minuten um sind. Alles ist weg. Brutal.

Ja, also wir sitzen nun im stillen Kämmerlein, haben die 'Störfaktoren eliminiert', wie Marketingleute, Ingenieure und Militärs sagen würden, und der leere Bildschirm starrt uns an. Oder wir ihn. Kommt auf die Perspektive an. Wie auch immer, es fällt uns partout nichts ein. Oder so viel, dass wir gar nicht wissen, wo wir anfangen sollen. Was auf das Gleiche herauskommt.

Aber eines Tages passiert es.

Mit der Zeit lernen wir, so still zu werden, dass etwas Seltsames passiert: *Man taucht ab.* Man spürt es, körperlich. Es ist so eine Art Loslassen, sich fallen lassen wie im Traum, man fällt, aber langsam. Eine Art Schweben, Sinken.

Keine Ahnung, ob sich das auch bei anderen so anfühlt - bei mir ist es so.

Als eine Art Trance beschreibt es *Stephen King*:

"It's pure habit... I kind of fall into a trance", sagt er. *(Es ist reine Gewohnheit... Ich falle in so eine Art Trance.)*

Aber es funktioniert nicht immer.
Leider.

Aber wenn es nicht geht, macht nichts, dann *einfach losschreiben*. Improvisieren Sie, wie Beethoven, Bach oder Mozart. Der Innere Controller wird angewiesen, die Klappe zu halten und sich einen Tag auf Dienstreise nach Sonstwohin zu begeben. Hier wird er nicht gebraucht. Ciao!

Man muss sich darüber im Klaren sein, dass Schreiben und Editieren zwei Paar Stiefel sind.

Schreiben Sie. Es spielt keine Rolle, was Sie schreiben. Gut oder schlecht, darüber urteilt niemand. Es geht darum, ein Wort nach dem anderen auf das Papier oder den Bildschirm zu bringen.

Beim Schreiben hat der Innere Controller Sendepause, und es ist nicht leicht, ihm das vorlaute Sich-Einmischen-Wollen abzugewöhnen. Sammeln Sie alles, was Sie schreiben, in einem (virtuellen) Schuhkarton mit der Aufschrift "*Schnipsel*". Nehmen Sie es später, viel später (wir reden von Wochen, Monate, Jahren), wieder heraus und gestatten Sie erst dann, wenn Sie es längst vergessen haben, dem Inneren Controller einen Blick darauf. Und dann werden Sie manche Schnipsel wegwerfen, manch andere werden Sie auf neue Ideen bringen, und ein paar werden dabei sein, von denen Sie sagen: *Die sind ja richtig gut!* Und aus denen machen Sie dann was.

Dazu noch ein Zitat von Stephen King: *"When asked, "How do you write?" I invariably answer, "One word at a time," and the answer is invariably dismissed. But that is all it is. It sounds too simple to be true, but consider the Great Wall of China, if you will: one stone at a time, man. That's all. One stone at a time. But I've read you can see that motherfucker from space without a telescope."*

(Wenn man mich fragt: Wie schreiben Sie? antworte ich immer: Ein Wort nach dem anderen, und diese Antwort wird nie ernst genommen. Aber mehr ist da nicht. Es klingt zu einfach um wahr zu sein, aber denken Sie an die Chinesische Mauer: Ein Stein nach dem anderen. Das ist alles. Ein Stein nach dem anderen. Aber ich habe gelesen, man kann dieses Ding mit einem Fernglas vom Weltraum aus sehen.)

Ist es wirklich so einfach?

Ja.

Das ist wie in der Natur: Irgendwo sprudelt eine kleine, stille Quelle. Viel ist das nicht, aber das Wasser hüpft einfach so ins Tal, über dicke Kieselsteine und an Felsen vorbei, und allmählich kommen andere Bächlein dazu, und es wird immer mehr, und alles vereint sich in einem grossen, ruhig, unaufhaltsam dahinfliessenden Fluss. Man muss da gar nichts tun. Das ist einfach so. Das ist die Natur.

Zweiter Teil

Die Grundsteine legen

Wie anfangen?
Plot oder nicht Plot?
Figuren lebendig werden lassen
Übermächtige Wünsche

Wie anfangen?

Wir lesen Geschichten, weil wir in die Haut eines anderen Menschen schlüpfen wollen. Beim Lesen können wir der edle Apachenhäuptling sein, eine schöne Prinzessin, eine verruchte Liebhaberin, ein knallharter Chef, ein verwöhntes Kind, ein cooler Weltraumpilot. Und wie praktisch, wir müssen dabei nicht einmal vom Sofa aufstehen.

Für uns als Schreiber heisst das ganz klar, dass sich unsere Geschichten um **Menschen** drehen müssen. Der dümmliche, von Hinz und Kunz kritiklos verbreitete Werbespruch "Der Mensch steht im Mittelpunkt" stimmt hier ausnahmsweise einmal. Es geht um Menschen, und je interessanter diese Menschen sind, desto besser die Geschichte.

Plot oder nicht Plot

Wo fängt man an beim Schreiben? Manche Schlaubücher sagen: **Mit dem Plot**. Auf deutsch: Man
bastele einen groben, noch recht vagen Handlungsablauf, den man irgendwann später mit Inhalt füllt:

```
Ein Schurke will die Bank von England
knacken, und ein Held muss das ver-
hindern.
```
Ja schon, aber wie genau macht er das?
Das sagt uns der Plot.

```
Böse Wesen sind dabei, die Welt zu
vernichten, aber ein Superheld zeigt
ihnen, was eine Harke ist.
```
Wir denken uns
die Details aus.

```
Eine Leiche liegt unschön am Weges-
rand, und Herr und Frau Kommissar (die
sich immer kabbeln) müssen nun den
Mörder finden, bevor er wieder zu-
schlägt.
```
Das ist das Strickmuster von allzuvielen
Sonntags-Tatorten, leider.

'*Plotting*' heisst das auf englisch, ein Wort, das sich
nicht schön übersetzen lässt. Ein Plot - das Ergebnis
des Plotting - ist so etwas wie ein Bauplan, eine
Konstruktionszeichnung für die Handlung der
Geschichte. Die berühmte Blaupause. Hat man den
Plan, fängt man an zu schreiben.

So weit die Schlaubücher.

Schriftsteller sagen seltsamerweise etwas anderes. *Elmore Leonard* zum Beispiel:

"I start with a character. Let's say I want to write a book about a bail bondsman or a process server or a bank robber and a woman federal marshal. And they meet and something happens. That's as much of an idea as I begin with. And then I see him in a situation, and I begin writing it and one thing leads to another."

Heisst auf deutsch:

"Ich fange mit einer Figur an. Zum Beispiel will ich ein Buch über einen Kautionsbürgen oder einen Gerichtszusteller oder einen Bankräuber und eine Bundespolizistin schreiben. Sie begegnen sich, und etwas passiert. Das ist ungefähr alles, was ich am Anfang als Idee habe. Und dann sehe ich ihn in einer Situation, und ich fange an, sie zu schreiben, und eins führt zum anderen."

Und *Stephen King*? *"I distrust plot for two reasons: first, because our lives are largely plotless, even when you add in all our reasonable precautions and careful planning; and second, because I believe plotting and the spontaneity of real creation aren't compatible."*

("Ich misstraue Plots aus zwei Gründen: Erstens, weil unsere Leben weitgehend planlos sind, selbst wenn man alle unsere vernünftigen Vorkehrungen und unser sorgfältiges Planen einbezieht; zweitens weil ich glaube, dass Konstruktionszeichnungen nicht mit der Spontaneität wirklicher Kreation kompatibel sind.")

Und: *"... my basic belief about the making of stories is that they pretty much make themselves. The job of the writer is to give them a place to grow (and to transcribe them, of course)."*

("Im Grunde glaube ich, dass sich die Geschichten weitgehend von selbst machen. Die Aufgabe des Autors ist es, ihnen einen Platz zum Wachsen zu geben (und sie aufzuschreiben, natürlich)".)

Auf der anderen Seite gibt es aber eben auch klare Verfechter des Plots. Warum?

Ich glaube, hier werden Äpfel und Birnen vermischt. Es gibt Lohnschreiber, die unter ziemlichem Zeitdruck brauchbare (aber nicht unbedingt gute) Geschichten produzieren und abliefern müssen. Das Vorabendprogramm des Fernsehen ist voll von solchen Geschichten, und die Tische mit den Bücherstapeln im Eingangsbereich der Buchhandlungen auch. Ich fürchte, die Mehrzahl der Menschen, die vom Fiktion-Schreiben leben, müssen so arbeiten. Sie können es sich schlicht nicht leisten, ihren Figuren so viel Raum zu geben, dass sie sich selbst und frei entwickeln können. Wer weiss, wohin das führt? Deshalb planen sie. *Sie müssen planen.*

Dann gibt es noch einen weiteren Aspekt. Es ist durchaus nicht gesagt, dass professionelle Schreiber frei sind in der Wahl ihrer Sujets. Viele Schreibprodukte entstehen in Teamarbeit. Da gibt es eine "Bibel", in der der generelle, langfristige Handlungsablauf (der Plot eben) festgelegt ist. Und dann wird die Arbeit auf mehrere Autoren verteilt und am Ende wieder zusammengefügt.

Das ist schon immer bewährte Praxis bei der Produktion von Fernsehserien. Bei Büchern offenbar auch - ich habe aus zuverlässiger Quelle gehört, dass etliche (amerikanische) Bestseller zwar unter dem Namen eines bekannten Autors veröffentlicht werden (das ist dann so etwas wie der Markenname), aber in Wirklichkeit eben von einem Team geschrieben sind. Die industrielle Produktion hat längst auch das Bücherschreiben erreicht.

Und jetzt der dritte Aspekt von dieser Gretchenfrage - Plot oder nicht Plot? Menschen sind, wer wüsste es nicht, unterschiedlich gebaut. Manche haben ihre linke Hirnhälfte besser trainiert. Das ist die logisch denkende, strukturierende, die gut rechnen kann und Kästchenpapier liebt. Sie schreibt Einkaufs- und

ToDo-Listen, macht keine Schulden und kommt pünktlich und gut vorbereitet ins Meeting.

Andere benützen eher die rechte Hirnhälfte. Die hüpft gern herum wie ein fröhliches Kind, malt Bilder, singt Lieder, macht Unsinn, tanzt und freut sich des Lebens. Ziemlich unbrauchbar, wenn es darum geht, den nächsten Urlaub zu planen. Es würde doch nur eine Fahrt ins Blaue dabei heraus- kommen, und statt in den Nachtzug nach Lissabon zu steigen würde die rechte Hirnhälfte per Anhalter nach Irgendwo reisen.

Der liebe Gott wusste schon, was er tat, als er uns mit beiden Hirnhälften ausstattete. Menschen mit nur einer Sorte wären wohl recht behindert. Aber er wusste auch, warum er nicht alle Menschen gleich machte. Wir wären grässlich langweilige Roboter, vorhersagbar, programmierbar, steuerbar - so, wie Diktatoren sich ihre Untertanen wünschen. Sind wir nicht. Wollen wir auch nicht sein.

Menschen mit einer stärker ausgeprägten linken Hirnhälfte können lange darauf warten, dass ihre Figuren anfangen zu leben. Die denken gar nicht daran. Die liegen da herum wie Barbie und Ken im Blisterpack, regungslos und seelenlos. Linkshirnis müssen die Packung aufschneiden (und brav für's Recycling entsorgen), die Gebrauchsanweisung lesen, ihre Figuren Schrittchen für Schrittchen in eine

Situation hinein stellen und danach in eine neue und so weiter. Sie brauchen einen Plan, und wenn sie keinen haben, dann machen sie einen - da sind sie gut drin, das können sie, das geht fix von der Hand.

Plot, Step sheet, Outline - es kommt recht amerikanisch daher und meint, dass man sich einen detaillierten Plan machen soll, und wenn der fertig ist, dann schreibt man zu jedem Gliederungspunkt die entsprechende Szene.

Rechtshirnis fragen sich jetzt entsetzt: Und das macht wirklich jemand? Freiwillig?

Oh ja. Und nicht die Schlechtesten. *Johannes Mario Simmel* zum Beispiel - falls sich noch jemand an ihn erinnert: sehr erfolgreicher Trivialroman- und Drehbuchautor der Ära Hildegard Knef, Romy Schneider, Maria Schell (wie schnell Ruhm doch vergeht!) - schrieb seine Outlines auf grosse Bahnen Packpapier und hängte die an die Wand. Damit er immer vor Augen hatte, wo er sich gerade beim Schreiben befand.

Len Deighton, einer der ganz Grossen (und Guten) der englischen Spionageromane, bekennt sich ganz klar zur Planung (und hat für Literatur, "*die sich einen Dreck um die Leser kümmert*", nur Spott übrig). Die Planung (und seine Karteikarten) brauchte er auch - sein Protagonist Bernard Samson schafft es immerhin, durch drei Trilogien hindurch konsistent zu bleiben.

Und zwischendurch schrieb Deighton auch noch einen dicken Band, der die Vorgeschichte dieses prophetischen Spionage-Epos rund um den Untergang der DDR beschreibt. Zehn Bände lang (und über eine Arbeitszeit von 13 Jahren) seine Figuren bei der Stange zu halten, das kriegt kein Rechtshirni hin.

Und noch eins: Sobald man sich an komplizierte, mehrdimensionale Stoffe mit mehreren, ineinander verwobenen Handlungssträngen wagt, die möglicherweise auch nicht einfach linear erzählt werden, dann ist man für ein bisschen Planung doch recht dankbar. Und diese Sorte des Erzählens wird mehr und mehr von Leserinnen und Lesern erwartet.

Fazit: Drum prüfe, wes Geistes Kind man sei, und entscheide sich höchstpersönlich, welche Methode - Plot oder Nicht-Plot - die richtige sei. Beide haben ihre Vorzüge, beide haben ihre Nachteile. Es kommt nur darauf an, für wen. Und auf die Situation, natürlich.

Da Sie vermutlich kaum die Absicht haben werden, den Rest Ihres Leben als Berufs- und Lohnschreiber zu verbringen, halten wir uns jetzt vorwiegend an die nicht-plottenden Autoren, die ihre Geschichten wachsen lassen.

Nochmal *Stephen King*:

"*I want to put a group of characters (perhaps a pair; perhaps even just one) in some sort of predicament and then watch them try to work themselves free ... The situation comes first. The characters – always flat and unfeatured, to begin with – come next. Once these things are fixed in my mind, I begin to narrate. I often have an idea of what the outcome may be, but I have never demanded of a set of characters that they do things my way. On the contrary, I want them to do things their way.*"

("*Ich möchte eine Gruppe von Figuren (vielleicht ein Paar; vielleicht auch nur eine) in eine wie auch immer geartete Klemme stecken und dann zuschauen, wie sie sich da heraus-arbeiten ... Die Situation kommt zuerst. Die Figuren - am Anfang immer flach und konturlos - kommen danach. Wenn mir diese Dinge klar geworden sind, fange ich an zu erzählen. Ich habe oft eine Idee, was das Ende sein könnte, aber ich habe nie von meinen Figuren verlangt, dass sie die Dinge so tun wie ich es will. Im Gegenteil, ich möchte, dass sie auf ihre eigene Art handeln.*")

Das ist ein schönes Rezept, und Stephen King ist bei weitem nicht der Einzige, der das so macht. Aber er hat natürlich eine Menge Talent plus Erfahrung, und er kann darauf vertrauen, dass sich seine Figuren wirklich entwickeln, und mit ihnen die Geschichte. Machen wir es wie er und fangen mit einer **Situation** an.

- Jill und Jack stecken im Fahrstuhl fest.
- Franz hängt in der Nordwand, und ein Gewitter zieht auf.
- Bärbel hat ihre Wohnungsschlüssel verloren.

Situation und Idee - das sind hier wieder fast Synonyme. Wie man sieht, können diese Ideen durchaus recht simpel sein. Beziehungsweise, die Situation muss durchaus nicht überaus dramatisch sein. Im Prinzip, wenn man darüber nachdenkt (oder seinen Bücherschrank durchgeht), ist es ziemlich egal. Es kommt darauf an, was man daraus macht.

Übrigens scheint das vielen Autoren nicht so recht klar zu sein. Sie suchen nach immer haarsträuben-deren Situationen, weil sie meinen, dass das ihre Leser interessiert. Ist das wirklich so, oder ist es Effekthascherei? *A liebt B, aber B liebt C* - das ist laut *Marcel Reich-Ranicki* das Grundthema aller Literatur, tausendundeinmal behandelt, aber immer wieder neu. Und alles andere als leicht!

Nehmen wir doch mal die wirklich schlichte Idee Nr. 3: von Bärbel, die ihren Wohnungsschlüssel verloren hat. Wie sich die Geschichte entwickelt, hängt in erster Linie davon ab, *wer* Bärbel ist - und das entscheidet der Autor. Sie, mit anderen Worten.

Wer ist Bärbel?

Vielleicht ist sie fünf Jahre alt, die Mutter arbeitet, Vater entschwunden, Oma und Opa leben weit weg - was macht sie? Sie spricht in Panik den Nächstbesten an - und gerät prompt an den berühmten 'guten Onkel' mit den Bonbons, der sie mitnimmt.

Aber vielleicht ist Bärbel auch eine alleinerziehende Mutter, 22 Jahre alt, arbeitslos, drogenabhängig, ihr Baby schläft zu Hause, und sie war doch nur mal kurz Zigaretten holen.

Oder Bärbel ist 83, hat eine Einkaufstasche am Rollator hängen, weiss gar nicht mehr, wo sie ist?

Viele Schriftsteller bauen auf ihre Spontaneität und ihre Kreativität. Bärbel wird ihnen schon sagen, wer sie ist und was sie tun wird.

Das ist die schöne, aber riskante Art des Schreibens. Es macht Spass, seine Figuren langsam - während des Schreibens - kennenzulernen. Es macht Spass, ihnen zuzuschauen, wie sie sich verhalten, was sie tun, wie sie reagieren: wie sie lebendig werden.

Aber es ist eben auch riskant.
Warum?

Weil sich herausstellen kann, dass die Figur bei weitem nicht so interessant ist, dass man eine ganze Geschichte, womöglich sogar einen Roman, darauf aufbauen kann. Wenn wir den Wegen folgen, die unsere Figuren einschlagen, können Umwege oder Irrwege oder Sackgassen dabei sein. Es ist frustrierend und zeitraubend, vielleicht hundert oder mehr Seiten wegzuwerfen, wenn man endlich merkt und sich selbst zugibt, dass die Geschichte nicht mehr stimmt.

Been there, done that! 😉

Wenn man noch nicht genug Erfahrung hat, um sich auf seine Intuition verlassen zu können, empfiehlt sich die weniger riskante Methode: **Erst denken, dann schreiben.**

Man könnte sich zum Beispiel hinsetzen und zunächst einmal über den **Lebenslauf** von Bärbel nachdenken - am besten schriftlich. Es kann gut passieren, dass dabei 30 Seiten Biographie herauskommen, unter Umständen (und warum nicht?) ein sehr interessanter Text. Möglich, dass nicht eine einzelne Zeile davon jemals wörtlich zitiert in Ihrem Buch auftaucht. Egal. Sie lernen Ihre Figur kennen. *Sie erwecken sie zum Leben.* Und das ist wirklich wichtig.

Auf jeden Fall eine wunderbare Übung. Und wir wollen doch schreiben üben, oder nicht?

Man kann Bärbel getrost selbst erzählen lassen und dabei ein paar Formen ausprobieren - ein Interview vielleicht. Oder einen Brief(wechsel). Oder Bärbel erzählt ihr Leben ihrer Enkelin. Oder die Enkelin erzählt, wie ihre Oma war. Oder die fünfjährige Bärbel ist vom guten Onkel, der wirklich ein guter Onkel ohne Anführungsstriche ist, zu einer Polizeistation gebracht worden, und Kommissarin May erfragt einfühlsam, wer Bärbel ist, was ihre Mama macht, und warum kein Papa mehr da ist.

Der Sinn der Übung ist natürlich, dass man Bärbel (oder wen auch immer) lebendig werden lässt. Klar ist auch, dass das alle diese Entscheidungen, die wir hier über ihren Lebenslauf und ihre Persönlichkeit einen erheblichen Einfluss auf den Rest der Geschichte haben:

Weil die fünfjährige Bärbel noch zu klein für ein Smartphone ist, kann sie ihre Mama nicht anrufen. Deshalb hat sie ja jemanden fragen müssen, und so gerät sie eben an den Falschen, der sie schon seit Tagen heimlich beobachtet.

Die alleinerziehende Bärbel kriegt Schuldgefühle, weil sie ihr Kind allein gelassen hat. *Mann, Scheisse, hoffentlich ist der Hausmeister zu Hause!* Natürlich nicht. *Hab ich eigentlich den Herd abgestellt?*

Bärbel, die demente Seniorin, ist verwirrt. Sie denkt, sie ist vor der falschen Haustür, wohnt sie nicht dort drüben, auf der anderen Strassenseite? Und so schiebt sie ihren Rollator auf die Fahrbahn. Die Bordsteinkante ist so … *Oh Gott, ein Bus!*

Alles Mögliche kann sich einfach daraus entwickeln, dass Bärbel eben so ist wie sie ist. Was passiert, passiert genau ihr und niemandem sonst - und kann niemandem sonst passieren. Menschen sind nicht austauschbar, Pappfiguren schon.

Und deswegen machen wir uns so viel Mühe, ihnen Leben einzuhauchen.

Aber eine Figur kommt ja selten allein, zumindest nicht in spannenden Geschichten. Dem Protagonisten wird ein Antagonist gegenübergestellt.

Das sind interessante Wörter. '*Protagonist*' kommt wie Ouzo, Sirtaki und Alexis Sorbas aus dem Griechischen. '*Prot-*' kennen wir vom Prototyp - dem ersten in einer Serie. Und '-*agonist*' erinnert heftig an Aktion. Der Protagonist ist (seit gut 2500 Jahren, erfunden in der Griechischen Tragödie) der 'erste Handelnde', mit anderen Worten: die Hauptfigur. Der Star.

Damit Spannung aufkommt, kriegt die Hauptfigur einen Widersacher vor die Nase gesetzt: den *Antagonisten*, der immer 'anti' ist.

Stimmt nicht, er ist nicht einfach dagegen, sondern hat seine eigenen Pläne. Die verfolgt er, ohne Rücksicht auf die Pläne des Protagonisten zu nehmen. Das ist nicht nett von ihm und sorgt für Konflikte, aber genau das macht ja den Reiz des Geschichtenerzählens aus. Wenn wir sagen, dass Klein-Bärbelchen ihren Hausschlüssel verloren hat und den guten Onkel anspricht und der den Schlüssel vom Boden aufhebt und freundlich sagt: *Aber da isser doch!* - na, das ist ja mal eine tolle Geschichte. Und so schnell zu Ende! Noch bevor sie richtig angefangen hat.

Nein, wir brauchen einen Antagonisten, und das ist nicht einfach ein Bösewicht, sondern, man ahnt es schon: ein *Mensch*. Weil niemand - ausser in Westernheftchen - einfach böse ist. Es gibt Gründe, warum Menschen so handeln, wie sie es tun, und diese Gründe wollen Leser wissen.

Da wir ja auf XXL-Schwierigkeiten aus sind, tun wir gut daran, den Antagonisten mindestens genau so stark (in jeder Hinsicht) wie unseren Protagonisten zu machen. Die beiden sollten sich schon ebenbürtig sein.

Was heisst das?

Das heisst, Sie haben es schon gefürchtet: Sich hinsetzen und nachdenken, am besten schriftlich. Mit dem Ergebnis eines schönen Lebenslaufs, genau wie beim Protagonisten auch.

Jetzt kommen wir wieder zum Unterschied zwischen den Rechts- und den Linkshirnis. Wie wir wissen, haben es Letztere gern etwas schematisch. Für sie gibt es Fragebogen, die einen erinnern sollen, was man alles über seine Figuren wissen könnte. Oder sogar sollte, meinen manche.

Rechtshirnis halten das für unnützen Kram, Zeitverschwendung, Kreativhemmer - aber auf Ideen bringt es sie doch …

Hier ist so ein Fragebogen, geklaut (aber abgewandelt) aus dem Buch **Successful Scriptwriting** von *Jurgen Wolff und Kerry Cox*, und die wiederum haben ihn von *Lajos Egri* abgekupfert, dessen **The Art of Dramatic Writing** von 1942 offenbar viele (allzuviele?) Schlaubücher über das dramatische Schreiben befruchtet hat.

Fragebogen für wichtige Figuren

1. Name
2. weiblich / männlich / X
3. Alter
4. Physische Erscheinung
5. Wie fühlt sich die Figur in Bezug auf ihr Aussehen?
6. Beschreiben Sie die Kindheit der Figur in Bezug auf:
   a. Beziehung zu den Eltern
   b. Beziehung zu Geschwistern
   c. Beziehung zu anderen wichtigen Personen in Kindheit und Jugend
   d. Lebensstil in Kindheit und Jugend

   e. Erziehung
   f. Hobbies und Interessen
   g. Orte, an denen die Figur aufwuchs
7. Beschreiben Sie die Ausbildung der Figur
8. Beschreiben Sie die heutige Beziehung der Figur zu
   a. Eltern
   b. Geschwistern
   c. anderen wichtigen Personen in Kindheit und Jugend
9. Beschreiben Sie das Liebesleben der Figur (verheiratet? in einer Beziehung?) sowie alle relevanten

früheren Einflüssen (Trennung, Scheidung, Affären)

10. Beschreiben Sie das Sexualleben und die moralischen Vorstellungen der Figur

11. Hat die Figur Kinder? Wenn ja, wie ist die Beziehung zu ihnen. Wenn nicht, wie ist ihre Einstellung gegenüber Kindern?

12. Was ist der religiöse Hintergrund der Figur, und wie sind ihre heutigen Glaubensvorstellungen?

13. Welchen Beruf hat die Figur?

14. Beschreiben Sie die Beziehung der Figur zu Vorgesetzten und Kollegen

15. Wie denkt die Figur über ihre Arbeit?

16. Was sind die Hobbies und Freizeitaktivitäten der Figur?

17. Beschreiben Sie die Lebensphilosophie der Figur

18. Beschreiben Sie die politischen Ansichten der Figur

19. Beschreiben Sie die wichtigsten Aspekte der Persönlichkeit der Figur, insbesondere ob sie z.B. optimistisch oder pessimistisch ist, introvertiert oder extrovertiert, ängstlich oder nicht, gewissenhaft oder unordentlich, offen für Neues, freundlich und kommunikativ oder eher verschlossen, nervös und verletzlich oder sicher und voller Selbstvertrauen.

20. Auf was ist die Figur stolz?

21. Für was schämt sich die Figur?

22. Beschreiben Sie den Gesundheitszustand der Figur.

23. Wie intelligent ist die Figur?

24. Wie redegewandt ist die Figur?

25. Hat die Figur einen Akzent oder Dialekt? Welchen?

26. Benutzt die Figur Slang oder einen professionellen Jargon? Welchen?

27. Beschreiben Sie die Beziehung zu den anderen Figuren.

28. Was ist das Ziel der Figur?

29. Warum möchte sie dieses Ziel erreichen?

30. Wer oder was versucht, die Figur am Erreichen dieses Ziels zu hindern? Warum?

31. Welche Stärken können der Figur helfen, das Ziel zu erreichen? Welche Schwächen hindern es?

Ja, das sieht nach viel Arbeit aus, wenn man diesen Fragebogen ausfüllen will. Ist es auch. Aber es lohnt sich.

Big Five - OCEAN

Etwas schneller geht es, wenn man sich an die Erkenntnisse der Persönlichkeitspsychologie hält. Vor etlichen Jahren haben einige Psychologenteams eine interessante Idee gehabt und sich die Mühe gemacht, englische Wörterbücher auf Adjektive zu untersuchen, mit denen man die Persönlichkeit von Menschen beschreiben kann. Sie haben etwa 18'000 gefunden, man stelle sich vor. Das waren natürlich unpraktisch viele.

Im nächsten Schritt haben sie daher versucht, diese Adjektive nach Ähnlichkeit zu sortieren und in Schubladen zu stecken. Nicht einfach so nach Lust, Laune und persönlichem Geschmack natürlich. Sie haben Fragebogen gemacht und Tausende von Leuten ausführlichen Tests unterworfen, wie Psychologen das nun mal gern machen. Zum Schluss haben sie viel Statistik bemüht, um das auch alles recht wasserdicht zu machen.

Dabei herausgekommen sind fünf grosse, umfassende Kategorien - die sogenannten "**Big Five**", nach ihren englischen Bezeichnungen auch mit dem Acronym **OCEAN** bezeichnet. Sie beschreiben jeweils ein Spektrum von Persönlichkeitsmerkmalen, von schwach ausgeprägt einerseits bis stark andererseits. Und das sind sie (und in der dritten Zeile stehen die

jeweiligen Enden des Spektrums, wenig <——>
viel):

Offenheit für Erfahrungen
(Openness to experience):
konservativ, vorsichtig <----> erfinderisch, neugierig

Gewissenhaftigkeit
(Conscientiousness):
unbekümmert, nachlässig <----> effektiv, organisiert

Extraversion
(Extraversion):
zurückhaltend, reserviert <----> gesellig

Verträglichkeit
(Agreeableness):
wettbewerbsorientiert, antagonistisch <---->
kooperativ, freundlich, mitfühlend

Neurotizismus
(Neuroticism):
selbstsicher, ruhig <----> emotional, verletzlich

Diese Einteilung wird in teuren Persönlichkeitstest
verwendet, um detaillierte Persönlichkeitsprofile zu
entwickeln, zum Beispiel bei Einstellungstests für
übergut bezahlte oder besonders verantwortungs-
volle Jobs.

Für unsere Zwecke reicht aber die Grobeinteilung als Hilfestellung aus, um unseren Figuren ein paar Konturen zu geben. Der folgende Abschnitt stammt aus Wikipedia:

Offenheit

Mit diesem Faktor wird das Interesse und das Ausmaß der Beschäftigung mit neuen Erfahrungen, Erlebnissen und Eindrücken beschrieben.

Personen mit hohen Offenheitswerten geben häufig an, dass sie eine rege Fantasie haben, ihre positiven und negativen Gefühle deutlich wahrnehmen sowie an vielen persönlichen und öffentlichen Vorgängen interessiert sind. Sie beschreiben sich als wissbegierig, intellektuell, fantasievoll, experimentierfreudig und künstlerisch interessiert. Sie sind eher bereit, bestehende Normen kritisch zu hinterfragen und auf neuartige soziale, ethische und politische Wertvorstellungen einzugehen. Sie sind unabhängig in ihrem Urteil, verhalten sich häufig unkonventionell, erproben neue Handlungsweisen und bevorzugen Abwechslung.

Personen mit niedrigen Offenheitswerten neigen demgegenüber eher zu konventionellem Ver-halten und zu konservativen Einstellungen. Sie ziehen Bekanntes und Bewährtes dem Neuen vor und sie nehmen ihre emotionalen Reaktionen eher gedämpft wahr.
Gewissenhaftigkeit

Dieser Faktor beschreibt in erster Linie den Grad an Selbstkontrolle, Genauigkeit und Zielstrebigkeit.

Personen mit hohen Gewissenhaftigkeitswerten handeln organisiert, sorgfältig, planend, effektiv, verantwortlich, zuverlässig und überlegt.

Personen mit niedrigen Gewissenhaftigkeitswerten handeln unsorgfältig, spontan und ungenau.

Extraversion

Dieser Faktor beschreibt Aktivität und zwischenmenschliches Verhalten. Er wird teilweise auch Begeisterungsfähigkeit (engl.: surgency) genannt.

Personen mit hohen Extraversionswerten sind gesellig, aktiv, gesprächig, personenorientiert, herzlich, optimistisch und heiter. Sie sind zudem empfänglich für Anregungen und Aufregungen.

Introvertierte Personen sind zurückhaltend bei sozialen Interaktionen, gerne allein und unabhängig. Sie können auch sehr aktiv sein, aber weniger in Gesellschaft.

Verträglichkeit

Ebenso wie Extraversion ist Verträglichkeit in erster Linie ein Faktor, der interpersonelles Verhalten beschreibt.

Ein zentrales Merkmal von Personen mit hohen Verträglichkeitswerten ist ihr Altruismus. Sie begegnen anderen mit Verständnis, Wohlwollen und Mitgefühl, sie sind bemüht, anderen zu helfen, und überzeugt, dass diese sich ebenso hilfsbereit verhalten werden. Sie neigen zu zwischenmenschlichem Vertrauen, zur Kooperativität und zur Nachgiebigkeit.

Personen mit niedrigen Verträglichkeitswerten beschreiben sich im Gegensatz dazu als streitbar, egozentrisch, misstrauisch und antagonistisch gegenüber den Absichten anderer Menschen. Sie verhalten sich eher wettbewerbsorientiert als kooperativ.

Die verträgliche Seite der Dimension scheint sozial erwünschter zu sein. Dennoch darf nicht vergessen werden, dass die Fähigkeit, für eigene Interessen zu kämpfen, in vielen Situationen hilfreich ist. So ist Verträglichkeit im Gerichtssaal nicht unbedingt eine Tugend.

Neurotizismus

Dieser Faktor spiegelt individuelle Unterschiede im Erleben von negativen Emotionen wider und wird von einigen Autoren auch als emotionale Labilität bezeichnet. Der Gegenpol wird auch als emotionale Stabilität, Zufriedenheit oder Ich-Stärke benannt.

Personen mit einer hohen Ausprägung in Neurotizismus erleben häufiger Angst, Nervosität, Anspannung, Trauer, Unsicherheit und Verlegenheit. Zudem bleiben diese Empfindungen bei ihnen länger bestehen und werden leichter ausgelöst. Sie tendieren zu mehr Sorgen um ihre Gesundheit, neigen zu unrealistischen Ideen und haben Schwierigkeiten, in Stresssituationen angemessen zu reagieren.

Personen mit niedrigen Neurotizismuswerten sind eher ruhig, zufrieden, stabil, entspannt und sicher. Sie erleben seltener negative Gefühle. Dabei sind niedrige Werte nicht zwangsläufig mit dem Erleben von positiven Emotionen verbunden.

(Quelle: https://de.wikipedia.org/wiki/ Big_Five_(Psychologie), abgerufen am 04.08.2018)

Viele Autoren denken natürlich nicht im Traum daran, so etwas Profanes wie die Big Five zu verwenden. Sie orientieren sich lieber an (einem Mix aus) **Eigenschaften von Personen**, die sie kennen oder denen sie mal begegnet sind.

Intuition, Fragebogen oder Freestyle, wie auch immer - diese Figurenanalysen sind mühsam. Oder können mühsam sein.

Aber wir kommen nicht drum herum. Leser wollen Menschen sehen, keine Klischees.

Übermächtige Wünsche

Wie schon Buddha als ewige Wahrheit erkannte: Hat man einen Wunsch, hat man Probleme. Aus der Perspektive eines Autors ist das prima, denn wir wollen ja, dass unsere wichtigen Figuren Probleme haben. Je grösser, desto besser - und das heisst auch, dass sie einen möglichst grossen Wunsch, ein wirklich brennendes Ziel haben sollten.

Gross heisst nicht unbedingt voluminös oder teuer, sondern schwer erreichbar, am besten fast unerreichbar. Aber wichtig für unseren Protagonisten. Ein eingesperrter, an eine Atombombe angeketteter, vom unmittelbar bevorstehenden Tod bedrohter James Bond - die Digitaluhr in *Goldfinger* tickt schon den Count Down herunter - hat immer noch das dringende Bedürfnis, die Welt vor der Vernichtung zu retten. Eigentlich hat er keine Chance, und das macht den Wunsch so unerreichbar und damit spannend. Na gut, wir wissen ja, wie es ausgehen wird, aber weiss James Bond das in diesem Moment auch? Natürlich nicht, aber zum Glück hat er mehr Selbstvertrauen als _____ *(hier fehlt ein Wort. Würden Sie es bitte einsetzen? Danke!)*, und deshalb dürfen wir mit ihm und einer wohlgeformten Dame das sonnenbeschienene Happy End erleben.

Eine erzählenswerte Geschichte muss davon handeln, wie jemand mit einer XXL-Schwierigkeit fertig wird. Sonst ist sie uninteressant. Das hatten wir schon, Sie erinnern sich. Aber jetzt wissen wir, wo wir diese Schwierigkeit herkriegen: Aus dem Wunsch, dem Ziel des Protagonisten. Und damit es nicht nur ein Wunsch Grösse S, M, oder L bleibt, muss die Erfüllung des Wunsches in weiter, weiter Ferne liegen.

Romeo will Julia. Julia will Romeo. So etwas haben wir alle schon erlebt. Ein schöner Wunsch, aber höchstens Grösse M wie mittelmässig. Deshalb stellt *Shakespeare* diesen Wunsch in eine Situation, die den Wunsch unerfüllbar macht: Die beiden Familien, aus denen die Kinder stammen, Montague und Capulet, mögen sich nicht nur nicht, sondern sind sich spinnefeind. Sie murksen sich gegenseitig ab, wenn sie aufeinander treffen. Romeo und Julia dürfen sich nicht einmal sehen! Und schon ist aus dem recht normalen Jugendschwarm (Julia ist ja erst dreizehn, man stelle sich vor!) eine unerfüllbare, tragische Liebe geworden, die noch heute die Leute zu Tränen rührt und Tausende von Touristen zur Casa di Giulietta in der Via Cappello 23 in Verona führt, um dort Julias rechte Brust zu berühren - was angeblich eine glückliche Liebe bescheren soll.

Wünsche / Ziele sind die Basis jeder schönen Geschichte. Aber etwas zu wollen allein tut es nicht:

Man muss auch dafür sorgen, dass die Erfüllung dieses Wunsches recht unwahrscheinlich wird. Was unseren Helden nicht davon abhalten wird, trotzdem auf sein Ziel loszurennen. Nicht, weil er (oder sie) blöde ist, sondern weil sie (oder er) nicht anders kann.

Woraus Probleme gemacht sind

Eigentlich geht es nur darum, dass der Protagonist etwas eigentlich Unmögliches erreichen will. Ein paar Beispiele für mögliche Varianten wären zum Beispiel:

A liebt B (aber B liebt C).

- Adam liebt Beate, aber Beate liebt Christian.
- Agathe liebt Bernd, aber Bernd liebt Christine.
- Agathe liebt Bernd, aber Bernd liebt Christian.

Und so weiter.

Die Frage ist immer die gleiche: *Wird A am Ende B kriegen?*

Der Protagonist will gross herauskommen (hat aber nicht die Voraussetzungen dazu):

- Arnold möchte erst Filmstar, dann Gouverneur von Kalifornien werden. Doch ausser Muskeln und Willenskraft hat er nichts. Er ist nicht einmal Amerikaner.

- Bettina kommt von einem Einödhof in Niederbayern. Dennoch (oder vielleicht deswegen?) will sie Primadonna werden. In München, Mailand oder an der Met in New York.
- Christian ist ein Mathegenie. Nobelpreisreif. Aber er ist Autist.

Der Protagonist will etwas haben (aber das ist praktisch unerreichbar):

- Daniela wünscht sich sehnlichst ein Kind. Aber Erich ist zeugungsunfähig.
- Franz glaubt, er braucht einen Ferrari. Doch er ist arbeitslos, hat Schulden und einen Mini-IQ.
- Gudrun sitzt nach einem Unfall im Rollstuhl. Aber sie hat schon immer davon geträumt, einmal im Leben mit Delphinen zu schwimmen.

Der Protagonist will etwas verhindern (aber wie?):

- Harald bekommt mit, wie sein 13jähriger Sohn einen Hackerangriff auf die NASA macht. Der Countdown läuft schon.

- Die Vulkanologin Irene sieht auf ihren Computern, dass ein Ausbruch kurz bevorsteht. Niemand glaubt ihr.
- Karen weiss, dass Jason morgen unschuldig hingerichtet wird, wenn sie nicht noch rechtzeitig gesteht, dass sie das Gift in die Flasche getan hat.

Es ist nicht unbedingt gesagt, dass die Schwierigkeit von aussen an unseren Protagonisten herangetragen wird. Es kann auch eine Charaktereigenschaft von ihm/ihr sein - so wie Karen zum Beispiel zu feige ist, ihre Täterschaft zuzugeben. Ist ja auch verständlich, schliesslich droht dann ihr die Todesstrafe, und da kann man schon mal ein Weilchen drüber nachdenken, ob man das will oder nicht. Und es könnte eine spannende Geschichte abgeben, wenn wir miterleben dürfen, wie sich Karen zu diesem letzten Schritt durchringt, komprimiert auf 24 Stunden, und zum Schluss die Frage: Kriegt sie den Gouverneur an den Apparat oder nicht? Kann sie die Hinrichtung noch stoppen?

Es macht die Geschichte natürlich meist viel besser, wenn der Protagonist nicht nur mit äusseren Schwierigkeiten fertig werden muss. Spannender und mit mehr Tiefgang ist es, wenn er seine eigenen Schwächen überwindet, seine Moral- und Wertvorstellungen kritisch überprüft und über sich hinauswächst. Nur glaubhaft muss es bleiben. Deutschsprachige Literatur setzt übrigens typischerweise mehr auf die innere Wandlung als auf die äussere Handlung.

Aber es geht auch ohne die charakterliche Läuterung, wie vor allem die angelsächsische Unterhaltungsliteratur zeigt. James Bond bleibt seit einem halben Jahrhundert, wie er immer war. Trotz wechselnder Darsteller. Nicht einmal Hamlet ist am Ende ein besserer Mensch.

Dritter Teil

Besser schreiben

Strukturen geben Halt und Richtung
Einen guten Anfang machen
Die dramatische Mitte
Ein gutes Ende finden

Die Richtung finden

Ob wir nach Fahrplan (sprich: Plot) schreiben oder unsere Geschichte so wachsen lassen, wie unsere Figuren sie uns erzählen - eine Struktur braucht sie. Sonst kracht sie zusammen. Das ist nichts weiter als ein Bild dafür ist, dass die Geschichte in der Mitte 'durchhängt', wie man oft hört. Dann langweilt sie uns dermassen, dass wir das Buch weglegen und jemandem schenken, den wir nicht besonders mögen.

Seit alters her bewährt hat sich die *Drei-Akte-Struktur*. Das klingt sehr belesen, heisst aber bloss, dass ein Roman einen **Anfang** haben muss (der eine bestimmte Funktion hat, auf die wir gleich zu sprechen kommen), einen **Mittelteil**, in dem sich das wahre Drama ereignet, und schliesslich einen **Schluss**, bei dem sich die Spannung auflöst und alle noch herumliegenden Trümmer ordentlich aufgeräumt werden.

Diese Struktur gilt übrigens nicht nur für Kurzgeschichten und Romane, sondern auch für Theaterstücke, Filme und, man kann es kaum glauben, für die ersten Sätze von Sinfonien. Dort heisst das Exposition, Durchführung und Reprise, manchmal gibt es auch noch eine Coda. Und es passiert genau das gleiche wie im Roman: In der Exposition, also am Anfang, werden die Themen vorgestellt, die sich dann in der Durchführung miteinander um die Dominanz prügeln, bis sich in der Reprise eine Lösung für das Drama findet und alles in einem triumphalen Schlussakkord mündet.

Mit anderen Worten: Diese Drei-Akte-Struktur entspricht unseren Hör- und Lesegewohnheiten, seit alters her, sie ist praktisch zweite Natur geworden. Jeder Abschnitt im Roman hat eine bestimmte, typische Funktion, und wir erwarten unbewusst, was jetzt kommen muss.

Natürlich können Sie es wie manche Autoren machen und sich einen feuchten Honig um Struktur und Funktion kümmern und einfach schreiben, was Ihnen so aus der Feder läuft. Dabei kommt dann entweder Grosse Literatur heraus - aber kennen Sie jemanden, der *Ulysses* wirklich ganz gelesen hat? Oder *Auf der Suche nach der verlorenen Zeit*? Oder *Der Mann ohne Eigenschaften*?

Voilà. Wenn's denn keine Grosse Literatur wird, entsteht eben ein weiterer missglückter Versuch. Na ja, der wird dann auch nicht gelesen.

Mit anderen Worten: Wenn man gelesen werden möchte, empfiehlt es sich, dass man sich an bewährte Strukturen hält. *Quod erat demonstrandum.*

Der Anfang

Der Anfang dient dazu, dem Leser kleine Appetithäppchen anzubieten.

Gemeint ist, dass man den Anfang benutzen sollte, um gewisse Grundbausteine zu setzen. *Geschichten* - und damit ist alles zwischen Erzählung, Kurzgeschichte und Roman gemeint - *spielen sich im Kopf des Lesers und der Leserin ab.* Und wenn wir ihnen keine Anhaltspunkte geben, an denen sich Phantasiekristalle anhaften können, dann mag man das Buch nicht lesen. Deshalb sind Fach- und Sachbücher oft so sperrig - da hat das Gehirn nichts weiter zu tun als den Ausführungen eines Experten hinterher zu trotten und "aha!" zu sagen. Das ist öde, wie jeder Esel weiss.

Der Anfang ist also dazu da, der geneigten Leserin und dem ebenfalls geneigten Leser kleine Futterkörnchen hinzuwerfen, damit sie/er sie aufpickt und sich vorstellt, wo das wohl hinführen wird. "Sich vorstellt ..." - da ist viel Gefühl dabei, Sympathie oder wohliges Gruseln oder Zärtlichkeit oder langsam hochkochende Empörung. Was auch immer - Sie sind die Autorin, Sie haben es in der Hand, viel Gefühl in den Anfang zu legen.

Wir, die Leser, wollen wissen, wer der Mensch ist, mit dem wir jetzt die nächsten Stunden, Tage, Wochen zubringen werden:

Ist sie/er interessant? Kann ich mich mit ihr/ihm identifizieren? Bringt sie/er eine Saite in mir zum Klingen? Würde ich mit ihr/ihm einen Kaffee trinken wollen? Ins Kino gehen? Ins Bett? Oder würde ich schnell wegrennen und aus sicherer Entfernung zuschauen, was da passiert?

Und wo spielt sich das alles ab? Ist mir die Gegend vertraut, wohne ich in der Nähe, kenne ich das, war ich da schon mal? Oder findet die Geschichte auf fernen Kontinenten oder gar Planeten statt, wo alles anders, fremd und unwirklich ist? Oder in Phantasie-welten, bevölkert von Wesen mit besonderen Gaben? Heute, in der Zukunft, vor Hunderten von Jahren?

Und das Wichtigste ist natürlich:

Was will der Protagonist? In welche Schwierigkeiten wird ihn dieser brennende Wunsch bringen, der so übermächtig ist, dass er ihm nicht entrinnen kann? Wie ist seine

Situation? Wie ist er da hinein-
geraten? Und kommt er da jemals wieder
heraus?

Diese "*dramatische Frage*" wird hier gestellt, ange-
deutet, skizziert, hier und jetzt: am Anfang.

Diese grundlegenden Informationen geben wir dem
Leser. *Aber - und das ist ein wichtiges Aber -* **nur
andeutungsweise.** Da muss immer noch etwas
verborgen bleiben. Und dieses Geheimnis - eigentlich
sollten es ganz viele kleine Geheimnisse sein - sind
die Köder, die dem Leser verführerisch vor der Nase
herumduften. Darum liest er/sie das Buch: Weil er es
nicht erträgt, im Unklaren gelassen zu werden. Da
bilden sich Phantasien, Annahmen, Hypothesen - und
man will doch zum Teufel noch mal wissen, ob man
richtig lag?

Deswegen lesen wir.

Setting: Ort, Zeit und Ton

Der Anfang ist der Platz, an dem wir dem Leser eindeutig klarmachen müssen, wann und wo unsere Geschichte spielt. Und wie wir gedenken, sie zu erzählen, heiter oder ernst, belehrend oder unterhaltend, mit einem Augenzwinkern oder *ex cathedra*. Dies sind eigentlich selbstverständliche Grundlagen, aber wir müssen darüber nachdenken und uns entscheiden.

Im Ernst: Es ist ganz und gar nicht egal, wo die Geschichte spielt. Der Ort spielt eine grosse Rolle. Manche Handlungen funktionieren nur an einem bestimmten Ort. Aber das liegt ja auf der Hand, das wissen Sie längst.

Andererseits kann man eher schlichte Handlungen dadurch interessanter machen, dass man sie an einen anderen Ort transponiert. Hollywood macht das gern, indem sie die guten alten Westernstoffe ins Weltall beamt. Und statt Cowboy und Indianer prügeln sich dann halt Astronauten mit irgendwelchen bizarren Ausserirdischen. *What else is new?*

Bei der Gelegenheit wird dann auch gleich noch der zeitliche Rahmen verändert. Die Zeit, in der die Geschichte spielt, ist eine eminent wichtige Grundentscheidung, die alles beeinflusst.

Würde **Effi Briest** heute noch funktionieren? Oder **Werthers Leiden**? Beide waren Kinder ihrer Zeit, und sie danken ihre Brisanz dem Konflikt zwischen der menschlichen Natur und den damals geltenden gesellschaftlichen Wertmassstäben. Nachdem sich inzwischen unsere Moralvorstellungen erheblich geändert haben, dürften derartige Geschichten von Lieben und Leiden an Wirkung eingebüsst haben. Was damals unerhörte Grenzüberschreitung war, ist heute mehr oder weniger Alltag, nicht zuletzt dank unseres durchschnittlichen Fernsehkonsums von unglaublichen mehr als 3 Stunden pro Tag (Stand: August 2018). Wir lesen und würdigen diese Romane von früher im Wissen um den historischen Zusammenhang. Aber im Hier und Heute müssten wir sie ganz anders gestalten.

Falls Sie übrigens die Absicht haben, historische Romane zu schreiben, sollten Sie sich gut und intensiv mit Recherchen über die damalige Zeit beschäftigen. Die Menschen haben früher anders gedacht, gefühlt, gehandelt, als wir es heute tun.

Woher wir das wissen? Aus Büchern, natürlich. **Don Quixote** von *Miguel de Cervantes* beispielsweise erschien 1605, und **Der Abenteuerliche Simplicissimus** von *Hans Jakob Christoffel von Grimmelshausen* erschien 1668, zwanzig Jahre nach dem 30-jährigen Krieg. Da haben wir noch O-Ton aus dem Barock. Es ist faszinierend zu lesen, was und wie man vor 350 Jahren gedacht und geschrieben hat (hier der erste Absatz):

Es eröffnet sich zu dieser unserer Zeit (von welcher man glaubt, daß es die letzte sei) unter geringen Leuten eine Sucht, in der die Patienten, wenn sie daran krank liegen, und so viel zusammen geraspelt und erschachert haben, daß sie neben ein paar Hellern im Beutel ein närrisches Kleid auf die neue Mode mit tausenderlei seidenen Bändern antragen können, oder sonst etwa durch Glücksfall mannhaft und bekannt worden, gleich rittermäßige Herren und adelige Personen von uraltem Geschlecht sein wollen; da sich doch oft befindet, daß ihre Voreltern Taglöhner, Karchelzieher und Lastträger; ihre Vettern Eseltreiber; ihre Brüder Büttel und Schergen; ihre Schwestern Huren; ihre Mütter Kupplerinnen oder gar Hexen; und in Summa ihr ganzes Geschlecht von allen 32 Anichen her also besudelt und befleckt gewesen, als des Zuckerbastels Zunft zu Prag immer sein mögen; ja sie, diese neuen Nobilisten, sind oft selbst so schwarz, als wenn sie in Guinea geboren und erzogen wären worden.

Die Leute tickten wirklich anders. Umso gefährlicher ist es, heutige Wertvorstellungen, Denkweisen, Haltungen kritiklos den Figuren in historischen Romanen anzudichten. Und bitte denken Sie daran, dass Ritter Kunibert noch kein Handy hatte! 😉

Ähnlich schwierig ist es, sich bestimmten heutigen Subkulturen anzunähern, vor allem dann, wenn wir keinen Kontakt mit ihnen haben. Um über Jugendliche schreiben zu können, muss man sie kennen, sie beobachten, mit ihnen reden (was ja auch nicht immer leicht ist), versuchen, ihre Sprache zu lernen. Dummerweise verwenden sie aber genau diese Sprache (sowie manch andere Verhaltensweise), um sich vom Rest der Welt abzusondern und ihre eigene Identität zu etablieren. Deswegen reicht es nicht unbedingt aus, einfach Mutter oder Vater von Kindern im schwierigen Alter zu sein. Wir haben vermutlich keine Ahnung, wie sie untereinander reden.

Was für Jugendliche gilt, trifft im weiteren Sinne genau so auf jede Subkultur oder gesellschaftliche Gruppierung zu. Wie ticken Drogendealer? Bergbauern? Wie gehen türkische Familien miteinander um? Was passiert bei einer Redaktionskonferenz? Einer Vorstandssitzung? Wie geht es in veganen Wohngemeinschaften zu? In einem Kloster? Im Knast?

Der oft gehörte Rat ist, dass man nur über das schreiben soll, was man kennt. Schon recht, aber dann wäre man ziemlich eingeschränkt, oder?

Da hilft nur: **Recherchieren**. So gründlich wie möglich, so viel wie nötig.

Neben Hingehen, Fragen, Zuhören (was ja nicht immer möglich ist), Google, Google Scholar und

Wikipedia gibt es übrigens, bevor es ganz in Vergessenheit gerät, auch noch *Bibliotheken*, in die man gehen kann. Nehmen Sie sich Zeit mit und gehen Sie auf Entdeckungsreise.

Ausserdem gibt es *Fachleute* für alles Mögliche. Man kann sie fragen. Manche freuen sich über das Interesse, manche tun so, als würde man ihnen Gott weiss was zumuten. Na wenn schon. Man hangelt sich so von Stichwort zu Quelle zu Experte und lernt interessante Leute dabei kennen, wenn man möchte. *Denn wer da bittet, der empfängt; und wer da sucht, der findet; und wer da anklopft, dem wird aufgetan.*

Aber es kostet natürlich Zeit, und wenn man nicht sehr diszipliniert ist, freut man sich über die willkommene Ablenkung, die einen so schön vom Schreiben abhält.

Im Ernst: die Recherche kann ein lohnender Teil des Schreibens sein. Wenn man sich das aber nicht leisten kann oder will, macht man es wie *Elmore Leonard*. Er bezahlte eigens einen Rechercheur (Gregg Sutter), der das für ihn machte, zu Fuss, per Brief, per Telefon. Es gab halt noch kein Internet.

Der richtige Ton

Es ist nicht nur der richtige Ton, sondern auch das Tempo, das man gleich zu Anfang etabliert. Sie sind ein wichtiges Signal für die Art von Buch, die man erwarten darf.

Um einen Tisch des Café du Dôme saßen mehrere Herren.
Eine Frau schritt draußen am Fenster vorbei.
Sie hatten sie alle gekannt, und einige kannten sie noch.
Einer las vor:
Zwei junge Burschen stolpern aus einer Vorstadtkneipe in die Nacht. Blutjunge Burschen und sehr betrunken.
Sie schlagen das Pflaster mit ihren Stöcken, sie johlen, krümmen sich vor Lachen, und sie schleppen die schwergewordenen Füße hinter sich her, daß sie von fern wie hinkende Greise erscheinen.
Eine Katze huscht über den Weg.

So fängt zum Beispiel *Franz Jung* sein **Trottelbuch** (1918) an. (Fritz J. Raddatz, Cheflektor und stellvertretender Verlagsleiter bei Rowohlt, sagte über Jung: *„Franz Jung – einer der unbekanntesten und lesenswertesten Autoren deutscher Sprache in der ersten Hälfte dieses Jahrhunderts.“*)

Und hier das Kontrastprogramm:

Im Anfang war der Mythus. Wie der große Gott in den Seelen der Inder, Griechen und Germanen dichtete und nach

Ausdruck rang, so dichtet er in jedes Kindes Seele täglich wieder.

Wie der See und die Berge und die Bäche meiner Heimat hießen, wußte ich noch nicht. Aber ich sah die blaugrüne glatte Seebreite, mit kleinen Lichtern durchwirkt, in der Sonne liegen und im dichten Kranz um sie die jähen Berge, und in ihren höchsten Ritzen die blanken Schneescharten und kleinen, winzigen Wasserfälle, und an ihrem Fuß die schrägen, lichten Matten, mit Obstbäumen, Hütten und grauen Alpkühen besetzt.

Klingt nach *Hermann Hesse*, ist auch von ihm: **Peter Camenzind** (1904), sein erster Roman.

Weil aller guten Dinge drei sind, hier eine weitere Variante:

Ernst Rowohlt Verlag
Berlin W 50
Passauer Straße 8/9

8. Juni

Lieber Herr Tucholsky,
schönen Dank für Ihren Brief vom 2. Juni. Wir haben Ihren Wunsch notiert. Für heute etwas andres.
Wie Sie wissen, habe ich in der letzten Zeit allerhand politische Bücher verlegt, mit denen Sie sich ja hinlänglich beschäftigt haben. Nun möchte ich doch aber wieder einmal die »schöne Literatur« pflegen. Haben Sie gar nichts? Wie

wäre es denn mit einer kleinen Liebesgeschichte? Überlegen Sie sich das mal! Das Buch soll nicht teuer werden, und ich drucke Ihnen für den Anfang zehntausend Stück. Die befreundeten Sortimenter sagen mir jedesmal auf meinen Reisen, wie gern die Leute so etwas lesen. Wie ist es damit?
Sie haben bei uns noch 46 RM gut – wohin sollen wir Ihnen die überweisen?
Mit den besten Grüßen
Ihr
(Riesenschnörkel) Ernst Rowohlt

So fängt **Schloss Gripsholm** an, 1931 veröffentlicht. Von *Kurt Tucholsky* - was man ja wohl nicht mehr extra erwähnen muss, oder?

Diese drei Beispiele unterscheiden sich, selbst bevor man sie liest, rein optisch.

Nummer eins (Jung) braucht für jeden Satz eine Zeile, selbst wenn der Satz nur aus drei Wörtern besteht. Wenn dieses Buch eine Person wäre, würde ich sagen, ein hyperaktiver, pubertierender Adoleszent. Muss nicht sein. Nicht so mein Ding.

Nummer zwei (Hesse) steht da, selbstbewusst und schwer, ein Monolith mit Aussicht. Das verspricht eine lange, beschwerliche Wanderung zu werden.

Nummer drei (Tucholsky) wirft die Romanform mal gleich über den Haufen und kokettiert mit dem Bild, das der Leser vom Autor und vom Literaturbetrieb hat. Ein bisschen *name dropping* dazu - fertig ist ein leichtes *hors d'oeuvre*, das Appetit auf mehr macht.

Und wie macht man das? Techniken.

Nachdem wir jetzt lang und breit gehört haben, *was* man im Anfangsteil machen soll, stellt sich allmählich mal die Frage, *wie* man das denn nun auch konkret macht?

Ein berühmter Grundsatz ist: *"Don't tell - show!"* Was natürlich heisst, dass wir Personen, Orte, Zeitumstände, was auch immer, nicht einfach beschreiben, sondern erlebbar machen sollen. So gut das eben geht.

"Tell" ist, was ich in einem Brief an meine Oma schreiben würde:

```
Als ich mit der Bahn in London ankam,
war der Bahnhof erstaunlich schmutzig.
```

"Show" ist anders:

```
Papier, Plastikbecher, Pappteller auf
dem Boden. Zermatschte Chips.
Ketchupschmiere. Von der Victoria
Station hätte ich das nie erwartet.
```

Sie sehen den Unterschied. Aber wenn ich jetzt behaupten würde, dass die zweite Version besser ist, würden manche unter Ihnen die Stirn runzeln und eine Augenbraue hochziehen. *De gustibus non est disputandem* - über Geschmack kann man zwar wunderbar, soll man aber nicht streiten. Version 2 ist bildhafter, aber besser nur dann, wenn sie vom Stil her so beabsichtigt ist. Es muss eben dazu passen.

Ein paar Beispiele.

In Front des schon seit Kurfürst Georg Wilhelm von der Familie von Briest bewohnten Herrenhauses zu Hohen-Cremmen fiel heller Sonnenschein auf die mittagsstille Dorfstraße, während nach der Park- und Gartenseite hin ein rechtwinklig angebauter Seitenflügel einen breiten Schatten erst auf einen weiß und grün quadrierten Fliesengang und dann über diesen hinaus auf ein großes, in seiner Mitte mit einer Sonnenuhr und an seinem Rande mit Canna indica und Rhabarberstauden besetztes Rondell warf.

73 Wörter lang ist dieser erste Satz aus **Effi Briest** von *Theodor Fontane*, geschrieben 1894. Abgesehen davon, dass er ein gut trainiertes Kurzzeitgedächtnis beim Leser voraussetzt, ist er eine von jeglicher Erlebnisqualität befreite Beschreibung. Ein Landschaftsgemälde mit Haus.

Na gut, Herr Fontane durfte das ungestraft tun. Damals. Ob das heute noch so gut ankäme?

Während Fontanes Beschreibung sanft wie Schwachstrom aus der Batterie daherfliesst, bizzelt es im folgenden Buchanfang bereits:

Die Lokomotive schrie heiser auf: der Semmering war erreicht. Eine Minute rasteten die schwarzen Wagen im silbrigen Licht der Höhe, warfen paar bunte Menschen aus, schluckten andere ein, Stimmen gingen geärgert hin und her, dann schrie vorne wieder die heisere Maschine und riß die schwarze Kette rasselnd in die Höhle des Tunnels hinab. Rein ausgespannt, mit klaren, vom nassen Wind reingefegten Hintergründen lag wieder die hingebreitete Landschaft.

Stefan Zweig malt in dieser Novelle - **Brennendes Geheimnis** (1911) - kein Bild, sondern dreht einen Schwarzweissfilm: mit Bewegung, mit Ton.

Noch weiter geht *Ernst Jünger* mit seinem Kriegs-roman **In Stahlgewittern** von 1920. Er beschreibt nicht nur, was er tut, hört, sieht, riecht, sondern auch, was er fühlt, was er fürchtet:

Der Zug hielt in Bazancourt, einem Städtchen der Champagne. Wir stiegen aus. Mit ungläubiger Ehrfurcht lauschten wir dem langsamen Takte des Walzwerkes der Front, einer Melodie, die uns in langen Jahren Gewohnheit werden sollte. Ganz weit zerfloß der weiße Ball eines Schrapnells im grauen Dezemberhimmel. Der Atem des Kampfes wehte herüber und ließ uns seltsam erschauern. Ahnten wir, daß fast alle von uns verschlungen werden sollten an Tagen, in denen das dunkle Murren dahinten aufbrandete zu unaufhörlich rollendem Donner? Der eine früher, der andere später?

Ich weiss schon, Ernst Jünger war Expressionist. Die hatten die spröden Beschreibungen satt. Alles wird in Metaphern übersetzt - *Walzwerk der Front, Atem des Kampfes*. Expressionisten wollen unter die Haut, und ihnen ist jedes Mittel recht.

Zu guter Letzt, als Bonbon sozusagen, ein bisschen *Strindberg* (**Die Inselbauern oder Die Leute auf Hemsoe**):

Er kam wie ein Schneegestöber eines Aprilabends und hatte eine Kruke aus schwedischem Ton an einem Hungerriemen um den Hals.

1887 geschrieben, also eine ganze Generation früher als Jünger, und immer noch früher als Fontanes *Effi Briest*. Mit dem Zeitgeist oder Mode hat das also nicht unbedingt zu tun, ob man distanziert beschreibt oder hautnah erleben lässt.

Er kam wie ein Schneegestöber eines Aprilabends ... Kruke ... Hungerriemen ...

Beneidenswert.
So etwas möchte man können.

Figuren einführen: Beispiele

'Don't tell - show!' gilt natürlich auch für die Präsentation der Figuren.

Der Neuling blieb in dem Winkel hinter der Türe stehen. Man konnte ihn nicht ordentlich sehen, aber offenbar war er ein Bauernjunge, so ungefähr fünfzehn Jahre alt und größer als alle andern. Die Haare trug er mit Simpelfransen in die Stirn hinein, wie ein Dorfschulmeister. Sonst sah er gar nicht dumm aus, nur war er höchst verlegen. So schmächtig er war, beengte ihn sein grüner Tuchrock mit schwarzen Knöpfen doch sichtlich, und durch den Schlitz in den Ärmelaufschlägen schimmerten rote Handgelenke hervor, die zweifellos die freie Luft gewöhnt waren. Er hatte gelbbraune, durch die Träger übermäßig hochgezogene Hosen an und blaue Strümpfe. Seine Stiefel waren derb, schlecht gewichst und mit Nägeln beschlagen.

Diese klassische Beschreibung stammt aus **Madame Bovary** von *Gustave Flaubert*. Er gibt uns Informationen nicht nur über das Äussere des Neulings, sondern auch über sein Befinden, sein Wesen, seine Herkunft, sein Anderssein.

Wie schafft Flaubert das? Durch eine kluge Auswahl der Attribute, die er uns nennt. Wir wissen nichts über die Haarfarbe, das Gesicht, die Hände, die Haltung. Aber wir erfahren, dass der Neuling sich nicht getraut hat, ganz ins Zimmer einzutreten. Dass er aus seiner Kleidung schon fast herausgewachsen ist. Dass er vom Lande kommt. Dass er sich unwohl fühlt in seiner Rolle, in dieser Situation.

Stefan Zweig dagegen geht einen anderen Weg. Er beschreibt seine Protagonistin in **Die Liebe der Erika Ewald** zunächst gar nicht, sondern stellt lediglich die Atmosphäre her, in der sie agieren wird:

Erika Ewald trat langsam ein, mit dem vorsichtig-leisen Gang einer Zuspätkommenden. Der Vater und die Schwester saßen schon beim Abendessen; beim Geräusch der Türe blickten sie auf, um der Eintretenden flüchtig zuzunicken, dann klang nur wieder das Klingen der Teller und das Klappern der Messer durch den matterhellten Raum. Gesprochen wurde selten, nur hie und da fiel ein Wort, und das flatterte wie ein aufgeworfenes Blatt haltlos in der Luft, um dann ermattet zu Boden zu sinken. Sie hatten sich alle wenig zu sagen.

Wir haben keine Ahnung, ob Erika Ewald gross oder klein ist, hübsch oder hässlich, blond oder schwarz, gut oder böse, alt oder jung, intelligent oder dumm. Offenbar spielt das keine Rolle. Wir wissen nur, dass wir nicht mit diesen Leuten an diesem Tisch sitzen möchten. Aber wir möchten (aus sicherer Entfernung) wissen, wie es weitergeht. Ob es gut ausgeht für Erika. Im Moment sieht es ja nicht danach aus. Stefan Zweig schafft es, dass wir uns nach wenigen Zeilen mit seiner Protagonistin identifizieren, einer Frau, von der wir so gut wie gar nichts wissen.

Die Tänzerin und der Leib heisst eine seltsame, ganz und gar nicht gefällige Kurzgeschichte von *Alfred Döblin*. So fängt sie an:

Sie wurde mit elf Jahren zur Tänzerin bestimmt. Bei ihrer Neigung zu Gliederverrenkungen, Grimassen und bei ihrem sonderbaren Temperament schien sie für diesen Beruf geeignet. Läppisch bis dahin in jedem Schritt, lernte sie jetzt ihre federnden Bänder, ihre zu glatten Gelenke zwingen, sie schlich sich behutsam und geduldig in die Zehen, die Knöchel, die Kniee ein und immer wieder ein, überfiel habgierig die schmalen Schultern und die Biegung der schlanken Arme, wachte lauernd über dem Spiel des straffen Leibes. Es gelang ihr, über den üppigsten Tanz Kälte zu sprühen.

Döblin beschreibt nicht wirklich ihren Körper, um den es ja laut Titel eigentlich geht. Statt dessen lässt er in uns Gefühle des Widerwillens aufsteigen. Um diese zunächst namenlose Tänzerin würde man instinktiv einen grossen Bogen machen (und das bleibt auch so, als wir später von ihrem grässlichen Schicksal erfahren).

Figuren einführen: Techniken

Was sagen uns diese Beispiele? Unter anderem, dass der direkte Weg nicht immer der beste ist. Es gibt offenbar viele Möglichkeiten, um seine Figuren darzustellen.

Die relativ **neutrale Beschreibung** ist nur eine davon:

```
Eva ist eine junge, hübsche Frau, die
im Kundenkontakt bei einem
Versicherungsmakler arbeitet. Es wird
von ihr erwartet, dass sie gepflegt
aussieht, und so trägt sie praktisch
immer ein dunkles Kostüm über einem
weissen Seidentop. Sie achtet auf ihr
Makeup und ihre Frisur - ihre dunklen
Haare trägt sie schulterlang, die Enden
leicht nach innen eingerollt.
```

Eine weitere ist, den Rahmen zu verwenden, in dem die Figur agiert - und sich auf die **Beziehung zwischen Rahmen und Figur** zu konzentrieren.

```
Mittwochs hat Eva am meisten zu tun. Da
kommen die Kunden und wollen wissen,
wie man sich am besten gegen die
üblichen Schäden absichert. Auch wenn
Eva weiss, dass sie bestimmte Produkte
```

bevorzugt anbieten soll, tut sie es nur, wenn sie sicher ist, dass sie mit ihrer Beratung fair gegenüber dem Kunden bleibt. Das hat ihr schon öfter Ärger mit ihrem Chef eingebracht. Aber sie kann nicht anders. Lieber würde sie kündigen als unehrlich zu werden.

Eine dritte Möglichkeit wäre, **Dialog** zu verwenden.

"Das würde mich also 300 Franken im Jahr kosten?" Die Kundin ist unschlüssig, was sie tun soll.

"Nicht ganz. 280 etwa. Aber sind Sie sicher, dass Sie das wirklich brauchen? Ich meine, wie oft sind Sie denn im Ausland?" Eva schaut die Kundin direkt an.

"Na ja, nicht so oft. Aber wenn dann mal was passiert - Also, ich weiss nicht …"

"Haben Sie eine Kreditkarte?" fragt Eva.

"Sicher. Warum fragen Sie?"

"Weil da oft eine Auslandskrankenversicherung mit eingeschlossen ist."

"Oh."

Man kann natürlich auch **Rahmen und Dialog
kombinieren.**

Ihr Chef machte mal wieder so ein
Gesicht. Eva kannte das schon und
wusste, was jetzt kommen würde.

"Die Auslandskrankenversicherung. Also,
das ist Ihr schwacher Punkt. Die Zahlen
stimmen da einfach nicht. Sie müssen da
mehr bringen. Woran liegt's?"

Eva starrte auf ihre Hände. "Die
meisten Kunden brauchen keine AKV. Das
ist reine Geldmache."

"Und das entscheiden Sie, ja? Eva, wir
haben Vorgaben von der Zentrale, und
ich will, dass wir die erfüllen. Ob die
Kunden eine AKV brauchen oder nicht,
kann Ihnen egal sein. Es ist ein gutes
Produkt. Also verkaufen Sie es. Basta!"

Eva hob ihren Blick und schaute ihren
Chef an. "Ich sehe das anders. Wir
leben vom Vertrauen unserer Kunden. Und

wenn wir ihnen unsinnige Versicherungen andrehen, setzen wir langfristig unsere Zukunft aufs Spiel. Früher oder später kommen alle dahinter, und dann sind sie sauer. Deswegen mache ich da nicht mit."

Ihr Chef schüttelte den Kopf. "Sie müssen noch viel lernen, Frau Sieber."

Eva stand auf. "Sind Sie sicher, dass ich es bin, die noch viel lernen muss?"

Figuren kann man auch **aus der Sicht einer anderen Figur** beschreiben:

Sie sah ganz gut aus, selbstbewusst, vertrauenswürdig. Keine Ahnung, woran das lag. An ihrer Körperhaltung? An der Kleidung? Bürouniform, dunkles Kostüm, weisses T-Shirt. Oder weil sie mir so direkt in die Augen sah?

Wenn eine Geschichte **aus der Sicht eines Ich-Erzählers** geschrieben wird, ist es oft nicht einfach, sich selbst zu beschreiben. Eine ziemlich plumpe und abgegriffene Methode ist es, den Protagonisten vor einen Spiegel zu stellen und ein Selbstgespräch halten zu lassen. Das wollen wir nicht. Sicher fällt uns etwas Besseres ein?

John sah erst mich an, von unten bis
oben, dann seinen zerbrechlich
wirkenden italienischen Designer-
sessel. "Warte mal", sagte er dann,
ging in die Küche und kam mit einem
stabilen Holzstuhl wieder. "Ist
sicherer. Oder?"

Es kann übrigens durchaus von Vorteil sein, wenn
man die Figuren nur ein bisschen / kaum / fast gar
nicht beschreibt.

John Steinbeck lässt eine seiner Figuren in **Sweet
Thursday** (Wonniger Donnerstag) sagen: "*I like a lot
of talk in a book and I don't like to have nobody tell me
what the guy that's talking looks like. I want to figure
out what he looks like from the way he talks. . . figure
out what the guy's thinking from what he says. I like
some description but not too much of that ...*"

*(Ich mag in einem Buch, wenn viel geredet wird. Und
ich mag nicht, wenn mir einer sagt, wie der Typ
aussieht, der da redet. Ich möchte selbst drauf
kommen, wie er aussieht, durch die Art, wie er redet.
Ich möchte selbst drauf kommen, was der Typ denkt,
von dem, was er sagt. Ich mag ein bisschen Beschreibung, aber nicht zu viel davon ...)*

Geht es uns nicht allen so?

"Die wahren Abenteuer sind im Kopf", singt André Heller: *"Und sind sie nicht im Kopf, dann sind sie nirgendwo."*

DO IT YOURSELF

Beschreibungen üben

Bevor wir uns an die Beschreibung von Menschen wagen, fangen wir am besten mit etwas Einfacherem an:

Direkte, ausführliche Beschreibung:

Beschreiben Sie das Zimmer, in dem Sie sich jetzt befinden, in allen Einzelheiten. Denken Sie auch an das, was man hört, was man riecht, was man fühlt. (Tipp: Schreiben Sie einen Brief an Ihre Oma!)

Das helle Zimmer, in dem ich jetzt schwitzend sitze, ist etwa 16 Quadratmeter gross. Es hat zwei grosse Türen, eine weisse zum Flur und eine dickere, rote, mit Sicherheitsschloss, die auf eine Treppe zur Strasse hin führt. Beide Türen sind offen, so dass es zieht. Ich höre kleine Kinder spielen. Mein schöner, moderner Schreibtisch ist sehr praktisch. Ich habe einen dazu passenden höhenverstellbaren Schreibtischstuhl. An den weissgestrichenen Wänden hängen schöne Bilder, Poster von Monet und Christo …

Direkte Beschreibung, gekürzt:

Streichen Sie so viele Adjektive wie möglich aus dem Text, den Sie gerade geschrieben haben (das tut jedem Text gut):

```
Das Zimmer, in dem ich jetzt am
Schreibtisch sitze, hat zwei Türen, zum
Flur und zur Strasse. Sie sind offen,
und es zieht. Kinder spielen draussen.
Poster an der Wand …
```

Beschreibung durch subjektive Empfindung:

Beschreiben Sie das gleiche Zimmer indirekt, indem Sie sich auf die wichtigsten Aspekte konzentrieren. Lassen Sie alles Unwesentliche fort.

```
Mir wird kalt. Vielleicht sollte ich
die Tür nach draussen zumachen. Aber
dann höre ich die Kinder nicht mehr,
die am Seeufer spielen …
```

Gefühle auslösen:

Sie betreten ein Gebäude, das ihnen unheimlich ist. Stellen Sie eine beklemmende Atmosphäre her.

```
Der Weg zugewuchert, das Haus
verfallen, die Tür halb offen. Was zum
```

Teufel tue ich hier? Ich hätte eine
Taschenlampe mitnehmen sollen. Ob er
bewaffnet ist? Ich halte die Luft an.
Vorsichtig, zentimeterweise, mit den
Fingerspitzen, drücke ich die Tür
weiter auf …

Person durch eine Situation beschreiben:

Emma kauft ein:
- beim Bäcker
- einen Pulli
- ein Smartphone.

Schreiben Sie jede Szene in verschiedenen Varianten.
Und schreiben Sie auch die Dialoge! *Das Ziel der
Übung ist es, dass wir uns Emma vorstellen und
womöglich mit ihr identifizieren können.*

Perspektiven

Manche sagen, dass die Behandlung der Perspektive eines der grössten Probleme (und Fehlerquellen) beim Schreiben ist. Na ja, kommt darauf an. Manche haben Schwierigkeiten damit, andere weniger. Manche Autoren sind auch richtig gut und setzen die Perspektive bewusst als Stilmittel ein.

Wie auch immer, es ist ein attraktiver Fehler, wenn man unvermittelt die Perspektive wechselt und dadurch den Leser verwirrt. *Attraktiv* heisst, dass man ihn gern macht, ohne sich viel dabei zu denken. Er passiert einfach so, ganz leicht und unbemerkt. Wenn man zum Beispiel einen Ich-Erzähler wissen lässt, was andere Leute denken und fühlen - *sorry,* aber das können nur Gedankenleser.

Vielleicht hilft es, wenn man sich den abstrakten Begriff *"Perspektive"* in das konkretere Bild *"Kameraführung"* übersetzt: Wo steht (oder hängt) die Kamera, und was sieht sie?

Im Prinzip gibt es zwei Möglichkeiten:

Ich-Perspektive (erste Person),
und
Dritte-Person-Perspektive (er, sie, es).

Der *Ich-Erzähler* hat eine Action-Kamera vor die Stirn geschnallt. Die nimmt alles genau so auf, wie "ich" es sieht und hört.

Die *dritte Person* dagegen guckt von oben auf die Szene herunter wie eine Überwachungskamera. Die sieht und hört alles.

Beides hat, wie immer, Vor- und Nachteile.

Ich-Perspektive

Die Ich-Perspektive sieht, was der Erzähler sieht. Andererseits sieht sie nichts, was der Erzähler nicht sehen kann. Sie sieht nicht, was hinter ihm passiert, was im Nebenzimmer stattfindet, was früher einmal war und was morgen sein wird. Vor allem kann sie nicht hellsehen.

Das kann eine erhebliche Einschränkung mit sich bringen, zum Beispiel dann, wenn man zwei Handlungsstränge parallel vorantreiben möchte.

Seit einer halben Stunde warte ich jetzt schon auf Daniela. Wo bleibt sie denn, verdammt? Warum ruft sie nicht wenigstens an?

Was der Ich-Erzähler nicht weiss: *De facto hatte Daniela einen Unfall und wird gerade mit dem Hubschrauber in die nächste Klinik transportiert.*

Als Ich-Erzähler habe ich jetzt nicht viele Möglichkeiten, von Daniela zu sprechen. Ich könnte sie anrufen, wenn die Geschichte in der Gegenwart spielt und wir beide Smartphones haben (aber sie wird nicht antworten). Aber sonst? Leider muss ich alles ausblenden, was Daniela passiert.

Was ich auch nicht weiss, ist, was andere Personen denken oder fühlen. Ich muss es aus ihrem Verhalten erschliessen. Das kann übrigens ein Vorteil sein und ist meistens auch einer. Ganz einfach deswegen, weil ich etwas zeigen muss und damit die Phantasie meiner Leser beschäftige *(show, don't tell!)*.

```
Sie kommt rein, verhuscht, Buch in der
Hand. Kriegt die Tür nicht zu, probiert
es noch einmal. Geht doch. Legt ihr
Buch auf das Pult. "Good morning", sagt
sie, und dann erst schaut sie hoch.
Gibt sich einen Ruck. "Good morning!"
sagt sie noch einmal, lauter diesmal.
Ich reagiere nicht, sehe ihr nur zu,
was sie da macht. "I'm your English
teacher", sagt sie, und ich fange an zu
lachen. Die will meine Lehrerin sein?
```

Sie geht rasch hinter das Pult,
blättert hektisch im Buch.

Schön ist, dass der Ich-Erzähler sich ausführlich und intensiv mit seinen eigenen Gedanken, Eindrücken, Empfindungen, Gefühlen, Hoffnungen, Befürchtungen beschäftigen kann. Alles, was in seinem Kopf vor sich geht, kann zum wichtigen Teil der Handlung werden - Motivation für seine Handlungen zum Beispiel.

Das kann er doch nicht mit mir machen.
Ich muss etwas tun. "Ich will mein Geld
zurück!" sage ich. Das ist doch Betrug!
Der klaut mir einfach meine 200
Franken, redet sich mit dem Klein-
gedruckten heraus. Ich kann kaum
sprechen vor Wut. Ich habe Angst, etwas
Unüberlegtes zu tun.

"Hören Sie", sage ich, aber dann
stocke ich, weil er nur höhnisch lacht.

Ich packe ihn an der Krawatte.

Als Ich-Erzähler kann ich eine **Meta-Ebene** in die Handlung einbauen. Das ist eine wunderbare (aber komplizierte) Technik. 'Meta-Ebene' heisst, dass ich die Handlung schildere, wie ich sie sehe, und gleichzeitig quasi von oben auf sie hinuntersehe und meinen Kommentar dazu gebe. Damit kann ich

Handlungen anders deuten als der Leser es erwartet, und das ergibt unter Umständen ein schönes Überraschungsmoment.

Handlungsebene:
Es riecht nach Bier. Die Wirtin poliert Gläser. Die alte Wanduhr tickt. Ansonsten ist es still.

Meta-Ebene:
Ich glaube, hier bin ich falsch. Nichts wie weg.

Handlungsebene:
Ich murmele *'tschuldigung!* und will gehen. Ich drehe mich um. Aber er versperrt mir die Tür, 120 Kilo, Aknepickel, rot-zottiger Bart, die Daumen in den Gürtel gehakt, Rocker-kutte, Cowboystiefel. Er starrt mich an, mit seinen kleinen gelben Augen.

Meta-Ebene:
Oh oh. Und jetzt?

Handlungsebene:
"Detlef", sage ich, "solltest du nicht in der Schule sein?"

Die Ich-Perspektive eignet sich auch gut für **Subtexte** - Gesagtes und Gedachtes sind klaffen auseinander, widersprechen sich sogar möglicherweise:

```
"Dann sehen wir uns also morgen?"
Hoffentlich sagt er Nein, sonst habe
ich ein gewaltiges Problem. Mit dem Typ
will ich nichts zu tun haben.
```

Die Ich-Perspektive erlaubt die **Selbst-Reflexion.** Wenn Sie möchten, dass Ihre Leser mitkriegen, was Sie (in der Rolle des Erzählers) für ein interessantes Innenleben haben, schreiben Sie aus der Sicht der ersten Person.

Haruki Murakami (in einem Interview in **The New Yorker**):

"Killing Commendatore" was the first novel in a long time that I wrote purely in the first person. Actually, what I felt, very strongly, was how much I'd missed writing in this way. It felt as if I were back in a playground I used to play in. I had a great time writing the book.

("Killing Commendatore" war der erste Roman seit langer Zeit, den ich ganz in der ersten Person geschrieben habe. Wirklich, was ich sehr stark fühlte, war, wie sehr ich es vermisst hatte, so zu schreiben. Es fühlte sich an, als ob ich wieder auf dem Spielplatz

wäre, auf dem ich früher gespielt hatte. Ich hatte eine
wunderbare Zeit beim Schreiben dieses Buches.)

Aus der Sicht der dritten Person

Die dritte Person bietet viel mehr Möglichkeiten. Der Erzähler ist allwissend, kann in Vergangenheit und Zukunft blicken, und sieht vor allem in Kopf und Herz aller Figuren. Die Kamera ist nicht nur Überwachungskamera oben in der Ecke, sondern ein Science-Fiction-Teil, das Gedanken lesen kann.

Mit anderen Worten: *Der Erzähler spielt ein bisschen Gott.*

"Dann sehen wir uns also morgen?"
Hoffentlich sagt er nicht Ja, sonst hat
Emma ein gewaltiges Problem. Mit dem
Typ will sie nichts zu tun haben.

Axel durchschaut das natürlich. "Ja,
klar", sagt er und wartet, wie sich
Emma da herauswinden wird. Er weiss ja,
dass morgen ihr Mann zurückkommt.

Emma kriegt Angst. Als Axel sieht, wie
sie bleich wird, setzt er noch eins
drauf und fragt genüsslich: "Und Ihr
Mann hat nichts dagegen, dass Sie sich
mit mir im Excelsior treffen?"

Die Perspektive der dritten Person ist sicherlich recht praktisch. Man kann nicht allzu viel falsch machen. Die Kamera sieht alles, wie der liebe Gott, hört alles, weiss alles.

Mir kommt das allerdings immer ein bisschen unrealistisch vor. Sogar unredlich. Offenbar bin ich nicht der Einzige, denn diese Allwissensheitpose kommt immer mehr aus der Mode.

Geschickter ist oft eine relativ trickreiche Variante der Dritte-Person-Perspektive: Man schreibt Szenen aus dem Blickwinkel einer der handelnden Personen. Und das wechselt man ab. Beim Film nennt man das **Schnitt und Gegenschnitt**. Ganz so puristisch wie bei der Ich-Perspektive kann man dabei nicht arbeiten. Wir stellen uns einfach vor, die Kamera steht hinter einer von unseren Figuren. Damit ist sie auch mit im Bild. In unserem Beispiel von Emma und Axel könnte das so aussehen:

Axels Perspektive:

```
Axel schaut sie sich an. Wie sie da
sitzt, in ihrer zu weiten Bluse, nur ja
nichts zeigen, mit den Augen, die
nervös hin und her huschen. Sie hat
Angst, was sonst. Angst vor der eigenen
Courage. Hat sich zu weit vorgewagt.
Und jetzt? Axel wartet ab.
```

"Dann sehen wir uns also morgen?" fragt sie leise. Ohne ihn anzuschauen. Sie spielt mit den beiden Zuckerwürfeln, schiebt sie hin und her.

"Aber sicher", sagt Axel. Er sieht, wie sie blass wird. Wie sie die Zuckerwürfel liegen lässt, an ihren Ehering fasst und ihn herumdreht. Sie weiss gar nicht, was sie tut, denkt Axel. Aber ich weiss, dass sie ein Problem hat.

"Also dann", sagt er: "Im Excelsior. Um wieviel Uhr?"

Emmas Perspektive:

Was für ein widerlicher Kerl. Er wird bestimmt wütend, wenn sie jetzt aufsteht und geht. Wie er sie schon ansieht. So provozierend. Klopft dauernd mit dem kleinen Finger auf den Tisch. Ganz leicht. Tack, tack, tack, tack.

Verdammt. Zeit gewinnen. "Dann sehen wir uns also morgen?" sagt sie. Er wird doch um Gottes Willen nicht Ja sagen. Morgen kommt doch Norbert zurück.

Axel grinst. Und dann sagt er: "Morgen. Klar. Im Excelsior." Emma spürt, wie sich ihr Magen zusammenkrampft. Ich bin

so ein Idiot, denkt sie. Wie konnte ich
mich nur darauf einlassen?

Haben Sie bemerkt, dass weder Emma noch Axel die
Gedanken ihres Gegenüber lesen? Sie interpretieren
lediglich das Verhalten.

Elmore Leonard hat diese Variante vielleicht nicht
gerade erfunden. Aber er ist ein Meister darin, mit
den wechselnden Perspektiven Spannung zu er-
zeugen.

DO IT YOURSELF

Perspektiven wechseln

Wollen Sie es auch mal probieren? Eine aufschluss-reiche Übung ist es, das gute alte Märchen "Hänsel und Gretel" erst aus der Ich-Perspektive und dann aus der Dritte-Person-Perspektive von Hänsel und dann von Gretel zu erzählen. Das sind vier Übungen, stimmts?

Falls Sie sich nicht mehr genau erinnern, wie das Märchen geht, hier ist es:

Hänsel und Gretel

Hänsel und Gretel sind die Kinder eines armen Holzfällers, der mit seiner Frau im Wald lebt. Als die Not zu groß wird, überredet sie ihren Mann, die beiden Kinder im Wald auszusetzen. Der Holzfäller führt die beiden am nächsten Tag in den Wald. Doch Hänsel hat die Eltern belauscht und legt eine Spur aus kleinen weißen Steinen, anhand derer die Kinder zurückfinden. So kommt es, dass der Plan der Mutter scheitert.

Doch der zweite Versuch, die Kinder auszusetzen, gelingt: Dieses Mal haben Hänsel und Gretel nur eine Scheibe Brot dabei, die Hänsel zerbröckelt, um eine Spur zu legen. Die wird jedoch von Vögeln aufgepickt. Dadurch finden die Kinder nicht mehr nach Hause und verirren sich.

Am dritten Tag stoßen die beiden auf ein Häuschen, das ganz aus Brot, Kuchen und Zucker hergestellt ist. Zunächst brechen sie Teile des Hauses ab, um ihren Hunger zu stillen. In diesem Haus lebt jedoch eine Hexe, die eine Menschenfresserin ist.

Die Hexe fängt die beiden, macht Gretel zur Dienstmagd und mästet Hänsel in einem Käfig, um ihn später aufzuessen. Hänsel wendet jedoch eine List an: Um zu überprüfen, ob der Junge schon dick genug ist, befühlt die halbblinde Hexe täglich seinen Finger. Hänsel streckt ihr dabei aber jedes Mal einen kleinen Knochen entgegen. Als sie erkennt, dass der Junge anscheinend nicht fett wird, verliert sie die Geduld und will ihn sofort braten.

Die Hexe befiehlt Gretel, in den Ofen zu sehen, ob dieser schon heiß sei. Gretel aber behauptet, zu klein dafür zu sein, sodass die Hexe selbst nachsehen muss. Als sie den Ofen öffnet, schiebt Gretel die böse Hexe hinein. Die Kinder nehmen Schätze aus dem Hexenhaus mit und finden den Weg zurück zum Vater. Die Mutter ist inzwischen gestorben. Nun leben sie glücklich und leiden keinen Hunger mehr.

So, und nun sind Sie dran! Viel Spass.

Die Mitte

Ja, Anfänge sind schwer. Was muss man nicht alles in ihnen unterbringen - die Vorstellung der Figuren, die Kontur der kommenden Probleme, die dramatische Frage, Ort und Zeit, Tonlage und Tempo - und das alles so fein portioniert und angerichtet, dass Leserin und Leser Lust haben, dieses Buch zu lesen.

Man tut gut daran, sich Anfänge zunächst einmal von der Seele zu schreiben, ohne dem Inneren Controller auch nur die geringste Chance zu lassen. Wenn das Buch fertig ist, wirklich fertig, kann man immer noch daran gehen, den Anfang umzuschreiben. Mit Abstand, ohne Herzblut, aber dafür gnadenlos kritischer Attitude.

Aber bevor wir das tun, schreiben wir erst einmal unser Buch zu Ende, und der nächste Schritt nach dem schweren Anfang ist der nicht minder schwere Mittelteil.

Die Mitte hat eigentlich nur eine Aufgabe: *Unserem Protagonisten das Leben zur Hölle zu machen.* Wer es weniger drastisch mag: Ihm (oder ihr) das **Leben schwer** zu **machen**. Und zwar schwer und schwerer, und wenn du denkst, es geht nicht mehr, dann gibt's noch mal eins drauf.

Nun sind diese Probleme aber nicht beliebig aus der Luft gegriffen. Gemeinerweise sind sie (im Idealfall) immer das direkte Ergebnis der Lösungsversuche unseres Protagonisten. Je mehr er (oder sie) versucht, sich aus der Klemme zu befreien, desto klemmiger wird sie, bis sie (oder er) so tief drinsteckt, dass man denkt: die (oder der) kommt da nie wieder heraus.

Dabei fängt alles so harmlos an. (Weil 'Protagonist' so ein unschönes, sperriges Wort ist, geben wir ihm für unser Beispiel mal einen Namen. Das macht die Sache leichter. Unser Protagonist soll, warum nicht, *Proto* heissen. Einverstanden?)

Es fängt also harmlos an. Proto hat einen Wunsch, ein Ziel. Wer hat das nicht? Aber Anti (genau: das ist unser Kürzel für den Antagonisten) hat das gleiche Ziel. Wie zwei Hunde, die sich um einen Knochen balgen, haben Proto und Anti jetzt ein Problem: Nur einer kann den Knochen haben. Und schon ist der Konflikt da.

```
Proto denkt: Wenn ich jetzt böse
knurre, dann rennt Anti weg, und ich
habe den Knochen. Gesagt, getan - aber
Anti kann beissen und schnappt
blitzschnell zu, und schon blutet Proto
aus einer tiefen Wunde am Hals. Das tut
```

weh, aber Proto denkt gar nicht daran,
den Knochen loszulassen.

Anti auch nicht.

Beide haben sich je ein Ende des
Knochens geschnappt und zerren daran.
Hin und her geht das, sie schütteln den
Knochen mit ihren kräftigen Kiefern,
und den Gegner gleich mit, weil der ja
nicht loslässt. Im Gegenteil, je mehr
Anti schüttelt und zerrt, desto fester
beisst Proto zu. So fest, dass ein
Stück vom Knochen abbricht, so dass
Proto rückwärts auf die Strasse
geschleudert wird.

Und prompt, ein Auto kommt, viel zu
schnell, hupt, die Bremsen quietschen,
aber zu spät: Proto knallt an den
Kotflügel und wird auf den Bürgersteig
zurück geschleudert, gegen Anti, der
vor Schreck den Knochen fallen lässt.

Proto liegt da und hechelt. Das ist
also das Ende? Muss Pronto jetzt
sterben? Anti steht vor ihm und
betrachtet die Sachlage und begreift
gar nicht, wie das alles passiert ist.
Der Knochen liegt da irgendwo am Boden,
und beide fragen sich, warum sie
eigentlich so scharf auf ihn waren. Ist

schliesslich nur ein blöder Knochen, oder?

Inzwischen geht es längst nicht mehr um den Knochen, sondern darum, wer hier der Stärkere ist. Na ja, eigentlich ging es ja schon die ganze Zeit darum. Der Knochen war nur der im Grunde läppische Anlass für den Streit.

Wie es weitergeht? Das erfahren wir erst im dritten Akt, da müssen wir schon noch ein bisschen warten. Der Mittelteil hört dann auf, wenn der Protagonist geschlagen ist, verloren hat, verloren ist. Eigentlich ist die Geschichte hier zu Ende.

Aber das ist ja oh so unbefriedigend! Dass etwas schiefgeht, dass wir nicht kriegen, was wir wollen, das ist doch Alltag, das kennen wir, dafür braucht man doch nicht extra eine Geschichte zu lesen. Nein, wir wollen hören, wie der Protagonist es doch noch schafft, obwohl er am Ende ist, obwohl er keine Chance mehr hat.

Der erste Satz in diesem Buch lautet: Eine erzählenswerte Geschichte muss davon handeln, wie jemand mit einer XXL-Schwierigkeit fertig wird. Sonst ist sie uninteressant. Sie erinnern sich? *Wie er damit fertig wird* - darum geht es.

Um es noch ein bisschen spannender zu machen, wollen wir - bevor wir erzählen, wie es weitergeht - noch ein Beispiel von der Hand des dramatischen Meisters *Friedrich von Schiller* in seine strukturellen Elemente zerlegen: **Die Bürgschaft**. Klar, das ist kein Roman, sondern 'nur' ein langes Gedicht, aber dennoch ein feingestricktes Muster für Dramaturgie (Schubert wollte sogar eine Oper daraus machen):

Der Anfang - wer, wo, wann, Auslöser:

"Zu Dionys, dem Tyrannen, schlich
Damon, den Dolch im Gewande:
Ihn schlugen die Häscher in Bande.

Protagonist: Damon
Antagonist: Dionys, der Tyrann
Ort und Zeit: Der gebildete Leser aus Schillers Zeiten wusste, dass Dionysius ein besonders böser, mörderischer Despot im antiken Sizilien war.

Wunsch des Protagonisten:
Die Stadt vom Tyrannen befreien!

Wunsch des Antagonisten:
Das sollst du am Kreuze bereuen.

Aber so einfach ist es nicht. Damons Schwester heiratet, und da darf er ja nicht fehlen. Hochzeit kommt vor Hinrichtung - das muss wohl so Sitte gewesen sein damals, denn selbst der böse Tyrann versteht das. Damon bietet seinen Freund als Geisel an:

Ich lasse den Freund dir als Bürgen,
Ihn magst du, entrinn' ich, erwürgen.

Der König akzeptiert, mit arger List, und baut die erste Schwierigkeit ein: eine Frist von drei Tagen.

Der Mittelteil - jetzt wird Schwierigkeit auf Schwierigkeit getürmt, gar schaurig, aber eben von Meisterhand:

1. Da gießt unendlicher Regen herab
2. Und der wilde Strom wird zum Meere.

Aber der Protagonist stürzt sich trotzdem in die Fluten und schwimmt ans andere Ufer.

3. Da stürzet die raubende Rotte
Hervor aus des Waldes nächtlichem Ort,
Den Pfad ihm sperrend, und schnaubert Mord

Aber diese Strolche haben sich den Falschen herausgesucht - Damon scheint mit Martial Arts vertraut zu sein:

Und drei mit gewaltigen Streichen
Erlegt er, die andern entweichen.

4. Und die Sonne versendet glühenden Brand

Damon kann nicht mehr. Aber er entdeckt, oh Wunder, eine Quelle (sonst wäre die Geschichte zu Ende). Erquickt eilt er weiter zu seiner Hinrichtung.

5. "Zurück! du rettest den Freund nicht mehr,
So rette das eigene Leben!
Den Tod erleidet er eben."

Damon wird gewarnt, und Zweifel werden gesät. Konflikt, Konflikt! Nicht doch lieber abhauen?

6. An dem Seile schon zieht man den Freund empor ...

Und damit ist der Mittelteil zu Ende. Gleich geht's weiter, ohne Werbepause, aber mit den kritischen Anmerkungen von keinem geringeren als Schillers Freund *Goethe*:

"In der Bürgschaft möchte es physiologisch nicht ganz zu passiren sein, daß einer, der sich an einem regnigen Tag aus dem Strome gerettet, vor Durst umkommen will, da er noch ganz nasse Kleider haben mag. Aber auch das wahre abgerechnet und ohne an die Resorption der Haut zu denken kommt der Phantasie und der Gemüthstimmung der Durst hier nicht ganz recht. Ein ander schickliches Motiv das aus dem Wandrer selbst hervorginge fällt mir freilich zum Ersatz nicht ein; die beiden andern von außen, durch eine Naturbegebenheit und Menschengewalt, sind recht gut gefunden."

… Motiv das aus dem Wandrer selbst hervorginge … - Goethe sieht das natürlich ganz richtig: eigentlich sollte es so sein. Aber grau, theurer Freund, ist alle Theorie.

Ja, aber …

Schwierigkeit auf Schwierigkeit türmen - schon recht, so weit es sich um Fiktion handelt. Aber was tun bei Reiseberichten? Biographien? Memoiren? Da wollen wir doch nicht hoffen, dass eine Schwierigkeit die andere jagt. Zum Glück ist das nur selten so, und es gibt zwischendurch auch mal ruhigere, schönere, glücklichere Abschnitte.

Ja, schön - aber die haben das Potential, unsere immer noch geneigten Leserinnen und Leser zu langweilen. Was tun?

Eine Option ist: weglassen. Aber das verzerrt den Gesamteindruck, weil nur die dramatischen Teile geschildert werden. Man tut so, als wäre die Reise, das Leben ein einziges grosses Abenteuer gewesen. Aber wann ist es das schon?

Statt dessen kann man die undramatischen Episoden verwenden, um ein bisschen Tempo aus der Geschichte zu nehmen. Das heisst nicht unbedingt, dass man dabei an Spannung verlieren muss, wenn man rechtzeitig durchblicken lässt, dass danach etwas Wildes kommen wird. Jedes Konzert hat einen langsamen Satz, und viele Menschen empfinden ihn als den schönsten. Aber danach geht es dann richtig zur Sache, und jeder weiss das. Zwei langsame Sätze hintereinander wären eine Zumutung.

Eine weitere Variante wäre, nur einen besonderen Aspekt aus der undramatischen Phase zu verwenden: ein gutes Gespräch, eine lustige Begebenheit, eine schöne Begegnung. Als Vorbereitung auf die nachfolgenden Szenen, als Motivation, vorweggenommene Begründung. Oder als Gelegenheit zur nachdenklichen Reflexion.

Aber die meisten guten Reiseberichte reihen einfach eine schöne kleine Geschichte an die andere, oft ohne sich um die Übergänge zu kümmern. Denn was zwischen den einzelnen Geschichten passiert, das ist der Stoff für Langeweile, und der kann getrost im Papier-korb enden.

Wenn Sie wissen wollen, wie man das macht: Blättern Sie noch mal zurück zum Anfang, zur *Reise mit Charley*. Oder kaufen Sie das Buch!

Steinbeck wäre nicht Steinbeck, wenn dieser Reisebericht nicht voller Mitgefühl, Menschlichkeit, Humor, Weisheit, Nachsicht und Einsicht wäre. Aber da ist auch die Trauer über Ignoranz, Stumpfheit, Rassenhass, Kleinlichkeit, Eitelkeit und Lüge.

Und wie er seinen Hund versteht und Charley ihn - das wärmt das Herz.

DO IT YOURSELF

Das Leben schwer machen

Finden Sie immer neue Probleme für Max und Lena!
So geht es los:

Max und Lena haben sich auf der Uni
kennengelernt. Max studiert BWL, Lena
Medizin. Die grosse Liebe, alles
wunderbar, sie wollen im Frühjahr
heiraten, aber …

Lena bekommt ein Forschungsstipendium
in Houston. Ein Jahr Texas, vielleicht
mehr.

Während Lena überlegt, ob sie nach
Houston gehen soll, trifft Max seine
Jugendliebe Clarissa wieder.

Sie sind dran!

Das Ende

Wenn es am spannendsten ist, dann ist der Moment gekommen, wo der Mittelteil in den Schlussteil übergeht. Der Protagonist sitzt also in der Patsche, patschiger geht's nimmer. Wie kommt er da jemals wieder heraus?

Gar nicht, sagen der geneigte Leser und die nicht minder geneigte Leserin, dennoch inständig hoffend, dass ein kreativer Autor doch noch einen Weg für ihren Protagonisten finden wird.

Also, liebe Autorin, lieber Autor, dann sei mal schön kreativ. Ist nicht einfach, übrigens, einen starken Schluss zu finden. Mit ein Grund, warum viele erst dann anfangen, ein Buch zu schreiben, wenn ihnen der Schluss klar ist. Den Protagonisten in eine unmögliche Situation zu manövrieren und dann keine (oder nur eine lahme) Idee für einen Ausweg zu finden, ist peinlich - kommt aber leider öfter vor.

Protagonisten, aus gutem Grund auch 'Helden' genannt, kommen nur aus ihren finalen Schwierig- keiten heraus, wenn sie **über sich hinauswachsen**. Sie sind nicht wie wir. Sie sind einfach besser, intelligenter, überlebensgross gut. Sie ignorieren ihren Schmerz, sie entwickeln ungeahnte Kräfte, sie haben irrsinnig tolle Ideen, sie übertreten die Zehn

Gebote, sie tun Böses, um Gutes zu tun. Sie sägen sich den Fuss in der Bärenfalle ab, sie biegen Gitterstäbe zur Seite, als wären es Spaghetti, sie halten drei Minuten die Luft unter Wasser an, sie springen aus Heissluftballons und von Brücken. Sie richten Ratten ab, ihnen den Zellenschlüssel zu bringen. Sie tröpfeln Wasser in die Mauerritzen und warten, dass es gefriert. Sie erdolchen ihren Gegner und reiten mit der Jungfrau davon.

Klingt alles ein bisschen nach Kintopp, ist aber alles schon gemacht worden.

Wenn man es weniger abenteuerlich haben möchte, setzt man auf stillere und mehr innere Wandlungen. Unerfüllte Liebe, heroischer Verzicht, Pflichterfüllung, Aufopferung, Selbsterkenntnis - das sind so ein paar Stichworte:

Konstanze verzichtet auf den Adelstitel, der ihn eigentlich zusteht. Oder auf den anderweitig engagierten Geliebten, die einzig wahre Liebe ihres Lebens. Maria geht stumm duldend ins Kloster. Josef Knecht gibt Würde und Ansehen des Magister Ludi im **Glasperlenspiel** auf und verlässt die Ordensgemeinschaft der Gelehrten. *Grace Kelly* springt über ihren Quaker-Schatten und schiesst auf die Bösewichter, kaum dass es **High Noon** geschlagen hat. Fanny lässt aus Liebe Marius seinen Traum verwirklichen und zur See fahren. Und heiratet den alten

Panisse, obwohl sie ein Kind von Marius erwartet (**Marius et Fanny** von *Marcel Pagnol*). Und da war auch noch der Priester, der seinen Glauben verliert und stillschweigend ein aussergewöhnlich guter Bischof wird.

Manchmal aber geht gar nichts mehr, und dann hilft nur der "**Deus ex machina**". Das heisst "Gott aus der Maschine" und bezieht sich auf Bühnengepflogenheiten aus dem antiken Griechenland. Wenn der Autor nicht mehr weiterwusste, liess man mit einer kranartigen Theatermaschine ("ex machina") einen Gott herab, der dann alles in Ordnung brachte. Die alten Griechen hatten ja genug davon, einen ganzen Olymp voll. Geht heute nicht mehr, wir sind so oft enttäuscht worden, dass wir daran nicht mehr glauben.

Aber trotzdem wird es immer wieder gemacht. Da kommt im allerletzten Moment die 6. Kavallerie angeritten *(Yihaa!!)*, der Helikopter taucht hinter dem Hügel auf *(schrap schrap schrap)*, die Polizei hat schon alles umstellt und wartet nur auf den Befehl zum "*Zugriff!*", ein Kartonstapel stürzt ein und erschlägt den Antagonisten mitsamt seiner Pistole, Flipper rauscht herbei, stupst den Bösen über Bord, schnattert aufgeregt …

Es ist, wie es ist: Die Lösung des ultimativen dramatischen Dilemmas stellt nicht nur den Protagonisten, sondern vor allem auch die Autoren vor echte kreative Herausforderungen. Seufz.

Und wie geht es mit Proto und Anti weiter? So:

Anti kriegt allmählich wieder einen klaren Kopf und beschliesst, dass er gewonnen hat. Schliesslich liegt Proto kaputt am Boden und hechelt nur noch mühsam. Er wendet sich also zum Gehen, schnuppert kurz und desinteressiert am Knochen - aber da, mit letztem Aufbäumen, springt Proto auf, beisst den völlig überraschten Anti in den Schwanz, packt ihn, wirbelt ihn herum und wirft ihn gegen das Auto, das immer noch da steht mit der Beule im Kotflügel. Es knackt und knirscht - Anti hat sich etliche Knochen gebrochen. Der Autofahrer steigt aus, eine liebe Gutmenschin, besieht sich den verletzten Anti, hebt ihn mitfühlend auf, lädt ihn auf den Rücksitz und fährt mit ihm weg, zum nächsten Tierarzt.

Proto steht da, blutend, noch ganz benommen, schaut dem davonfahrenden Auto nach, humpelt zum Knochen, nimmt ihn in seine Schnauze und trottet

davon, schwer angeschlagen, aber mit
hoch erhobenem Schwanz.

Okay, das ist albern und dürftig, zugegeben, aber
vielleicht (sicher!) fällt Ihnen etwas Besseres ein.

DO IT YOURSELF

Finden Sie einen besseren Schluss.

Das wäre dann Ihre Übung für heute. Ersinnen Sie einen oder zwei (oder drei?) schöne neue Enden für den dramatischen Zweikampf zwischen Proto und Anti.

Viel Spass!

Eine weitere Variante wäre die **Wandlung des Antagonisten**, wie zum Beispiel in **Kramer gegen Kramer** (mit Dustin Hoffmann und Meryl Streep): Joanna, die ihren Mann sowie Sohn Billy wegen persönlicher Probleme verlassen hat, gesteht sich nach dem gewonnenen Prozess um das Sorgerecht selbst ein, dass sie versagt hat und dass sie ihrem Sohn nicht eine weitere Trennungssituation von seinem treusorgend aufopfernden Papa zumuten darf. So überzeugend geschrieben und gespielt, dass der Film 1980 fünf Oscars abgeräumt hat.

Aber damit wollen wir nicht schliessen. Erteilen wir noch einmal Meister Schiller das Wort, der ebenfalls (und 200 Jahre früher) mit der Wandlung des Antagonisten ein ganz und gar edles Ende für die Bürgschaft findet:

Und zum Könige bringt man die Wundermär';
Der fühlt ein menschliches Rühren,
Läßt schnell vor den Thron sie führen,
Und blicket sie lange verwundert an.
Drauf spricht er: »Es ist euch gelungen,
Ihr habt das Herz mir bezwungen;
Und die Treue, sie ist doch kein leerer Wahn –
So nehmet auch mich zum Genossen an:
Ich sei, gewährt mir die Bitte,
In eurem Bunde der dritte!«

Na dann. Das "*menschliche Rühren*" finde ich besonders schön. (Im Anhang finden Sie das komplette Gedicht. Lesen Sie's!)

Es ist übrigens dem Autor überlassen, ob die Geschichte gut ausgeht oder nicht. Der Protagonist schafft es durchaus nicht immer. Er kann auch scheitern, und dann wäre die Moral von der Geschicht, dass man sich auf manche Wünsche oder Vorhaben nicht einlassen sollte. *Hybris* und *Frevel* sind so Stichworte für Grenzüberschreitungen, die einem dabei in den Sinn kommen. Das wären dann eher Tragödien.

Antigone zum Beispiel (im Drama von *Sophokles*) bestattet gegen das ausdrückliche Verbot des Königs ihren Bruder. Die Geschichte nimmt gar kein gutes Ende - sie selbst wird lebendig eingemauert, und ihr Verlobter, der Sohn des Königs, nimmt sich das Leben, und dann auch noch dessen Mutter, die logischerweise die Frau des Königs ist … Der kapiert am Ende dann, dass sein selbstgerechtes, politisch motiviertes Bestattungsverbot gegen göttliches Gebot verstossen und dadurch zu all diesem Unheil geführt hatte.

Der Protagonist kann auch einfach andere **Wertvorstellungen** haben als die Welt, in der er lebt. "*Nichts ist schwerer und nichts erfordert mehr Charakter, als sich in offenem Gegensatz zu seiner Zeit*

148

zu befinden und laut zu sagen: Nein." Tucholsky hat das gesagt, und er hat das auch gelebt.

Ein Beispiel aus neuerer Zeit (na ja) wäre **Ansichten eines Clowns** von *Heinrich Böll*, 1963 erschienen. Der "Komiker" Hans Schnier hat sehr klare Vorstellungen von Richtig und Falsch, und er steht damit im krassen Gegensatz zur heuchlerisch-pragmatischen Haltung der Nachkriegsgesellschaft. Nein, die Geschichte nimmt kein gutes Ende, wenn der reichlich kaputte Clown auf der Bonner Bahnhofstreppe sitzt und Spottlieder auf den Papst singt, den Hut offen neben sich gestellt, nach Art der Bettler.

Übrigens, in den beiden Fassungen, die dem gedruckten Buch vorausgingen, hatte Böll noch ein Schlusskapitel vorgesehen, in dem seine Liebe Marie zu ihm zurückkehrt. Wie man sieht, auch Literatur-Nobelpreisträger sind sich ihrer Sache nicht immer sicher.

Wie auch immer die Geschichten ausgehen, gut oder schlecht, sie beantworten die dramatische Frage, die am Anfang aufgeworfen wurde: Kann der Protagonist sein Problem lösen? Erreicht er sein Ziel? Oder wird ihm sein Wunsch zum Verhängnis?

Schön, wenn es gut ausgeht. Das gibt dann ein Happy End. Nicht so schön, wenn sich die XXL-Schwierigkeit als zu gross erweist. Das gibt dann zwar kein Happy End, aber vielleicht eine Menge (neuer) Einsichten.

Auch nicht schlecht.

Was noch zu tun bleibt

Was wir im Schlussteil ausserdem machen müssen, ist: **Aufräumen**. Wenn da noch irgendwo irgendwelche angefangenen Handlungsfäden herumliegen, dann müssen die jetzt verknotet und versorgt werden. Und wenn wir das getan haben, dürfen wir (müssen aber nicht) dem Leser auch noch einen kleinen Blick in die Zukunft tun lassen.

Wenn's geht, eine schöne.

Zum Abschied.

Als man Mozart fragte, ob er Angst vor dem Tod habe, da antwortete er: *Nein, gar nicht, dann bin ich endlich da, wo all die schöne Musik herkommt!*

Während mancher darin möglicherweise einen Beleg für Mozarts Naivität sieht (was wäre so schlecht daran?), denke ich, dass er ganz einfach und ganz ehrlich das sagte, was er zutiefst *wusste*: Nicht er, Wolfgang Amadeus, war der Urheber 'seiner' Musik. Sie kam von ganz woanders her. Er schrieb sie nur auf.

Ich glaube, dass dieses Wissen eine wertvolle Erkenntnis für jeden von uns sein könnte. Wir sind nur die Instrumente, auf denen die Musik gespielt wird. Wir sind nur die Hand, die schreibt - aber geführt wird sie nicht von uns. Das ist tröstlich einerseits und macht demütig andererseits.

Erinnern Sie sich an Stephen King:

"... my basic belief about the making of stories is that they pretty much make themselves. The job of the writer is to give them a place to grow (and to transcribe them, of course)."

("Im Grunde glaube ich, dass sich die Geschichten weitgehend von selbst machen. Die Aufgabe des Autors ist es, ihnen einen Platz zum Wachsen zu geben (und sie aufzuschreiben, natürlich)".)

Wenn wir Eltern werden, wissen wir auch nicht, warum gerade dieses Kind zu uns gekommen ist. Warum es so ist, wie es ist. Es wird seinen Weg gehen. Wir werden es beschützen und nähren und ihm dabei helfen zu wachsen. Das ist schwer genug. Und beim Schreiben?

Vielleicht besteht unsere Aufgabe nur darin, gute Eltern für unsere Geschichten zu sein. Wenn das so ist - und, in aller Bescheidenheit, ich habe erfahren, dass es so ist - was kann dann so ein Buch wie das, das Sie gerade gelesen haben, tun?

Nicht viel, vermutlich. Händchen halten. Fragen stellen. Bewusst machen. Wir wissen nicht, warum Geschichten zu uns kommen. Und wir wissen nicht, warum gerade diese Geschichten zu uns kommen. Wir müssen das auch nicht wissen.

Alles, was wir tun können, ist, unsere Geschichten zu beschützen und zu nähren und ihnen beim Wachsen zu helfen. Das ist schwer genug - und niemals genug.

Leider.

ANHANG

Die Bürgschaft.
Friedrich von Schiller

Zu Dionys, dem Tyrannen, schlich
Damon, den Dolch im Gewande:
Ihn schlugen die Häscher in Bande,
»Was wolltest du mit dem Dolche? sprich!«
Entgegnet ihm finster der Wüterich.
»Die Stadt vom Tyrannen befreien!«
»Das sollst du am Kreuze bereuen.«

»Ich bin«, spricht jener, »zu sterben bereit
Und bitte nicht um mein Leben:
Doch willst du Gnade mir geben,
Ich flehe dich um drei Tage Zeit,
Bis ich die Schwester dem Gatten gefreit;
Ich lasse den Freund dir als Bürgen,
Ihn magst du, entrinn' ich, erwürgen.«

Da lächelt der König mit arger List
Und spricht nach kurzem Bedenken:
»Drei Tage will ich dir schenken;
Doch wisse, wenn sie verstrichen, die Frist,
Eh' du zurück mir gegeben bist,
So muß er statt deiner erblassen,
Doch dir ist die Strafe erlassen.«

Und er kommt zum Freunde: »Der König gebeut,
Daß ich am Kreuz mit dem Leben

Bezahle das frevelnde Streben.
Doch will er mir gönnen drei Tage Zeit,
Bis ich die Schwester dem Gatten gefreit;
So bleib du dem König zum Pfande,
Bis ich komme zu lösen die Bande.«

Und schweigend umarmt ihn der treue Freund
Und liefert sich aus dem Tyrannen;
Der andere ziehet von dannen.
Und ehe das dritte Morgenrot scheint,
Hat er schnell mit dem Gatten die Schwester vereint,
Eilt heim mit sorgender Seele,
Damit er die Frist nicht verfehle.

Da gießt unendlicher Regen herab,
Von den Bergen stürzen die Quellen,
Und die Bäche, die Ströme schwellen.
Und er kommt ans Ufer mit wanderndem Stab,
Da reißet die Brücke der Strudel herab,
Und donnernd sprengen die Wogen
Dem Gewölbes krachenden Bogen.

Und trostlos irrt er an Ufers Rand:
Wie weit er auch spähet und blicket
Und die Stimme, die rufende, schicket.
Da stößet kein Nachen vom sichern Strand,
Der ihn setze an das gewünschte Land,
Kein Schiffer lenket die Fähre,
Und der wilde Strom wird zum Meere.

Da sinkt er ans Ufer und weint und fleht,
Die Hände zum Zeus erhoben:

»O hemme des Stromes Toben!
Es eilen die Stunden, im Mittag steht
Die Sonne, und wenn sie niedergeht
Und ich kann die Stadt nicht erreichen,
So muß der Freund mir erbleichen.«

Doch wachsend erneut sich des Stromes Wut,
Und Welle auf Welle zerrinnet,
Und Stunde an Stunde ertrinnet.
Da treibt ihn die Angst, da faßt er sich Mut
Und wirft sich hinein in die brausende Flut
Und teilt mit gewaltigen Armen
Den Strom, und ein Gott hat Erbarmen.

Und gewinnt das Ufer und eilet fort
Und danket dem rettenden Gotte;
Da stürzet die raubende Rotte
Hervor aus des Waldes nächtlichem Ort,
Den Pfad ihm sperrend, und schnaubert Mord
Und hemmet des Wanderers Eile
Mit drohend geschwungener Keule.

»Was wollt ihr?« ruft er vor Schrecken bleich,
»Ich habe nichts als mein Leben,
Das muß ich dem Könige geben!«
Und entreißt die Keule dem nächsten gleich:
»Um des Freundes willen erbarmet euch!«
Und drei mit gewaltigen Streichen
Erlegt er, die andern entweichen.

Und die Sonne versendet glühenden Brand,
Und von der unendlichen Mühe

156

Ermattet sinken die Kniee.
»O hast du mich gnädig aus Räubershand,
Aus dem Strom mich gerettet ans heilige Land,
Und soll hier verschmachtend verderben,
Und der Freund mir, der liebende, sterben!«

Und horch! da sprudelt es silberhell,
Ganz nahe, wie rieselndes Rauschen,
Und stille hält er, zu lauschen;
Und sieh, aus dem Felsen, geschwätzig, schnell,
Springt murmelnd hervor ein lebendiger Quell,
Und freudig bückt er sich nieder
Und erfrischet die brennenden Glieder.

Und die Sonne blickt durch der Zweige Grün
Und malt auf den glänzenden Matten
Der Bäume gigantische Schatten;
Und zwei Wanderer sieht er die Straße ziehn,
Will eilenden Laufes vorüber fliehn,
Da hört er die Worte sie sagen:
»Jetzt wird er ans Kreuz geschlagen.«

Und die Angst beflügelt den eilenden Fuß;
Ihn jagen der Sorge Qualen;
Da schimmern in Abendrots Strahlen
Von ferne die Zinnen von Syrakus,
Und entgegen kommt ihm Philostratus,
Des Hauses redlicher Hüter,
Der erkennet entsetzt den Gebieter:

»Zurück! du rettest den Freund nicht mehr,
So rette das eigene Leben!

Den Tod erleidet er eben.
Von Stunde zu Stunde gewartet' er
Mit hoffender Seele der Wiederkehr,
Ihm konnte den mutigen Glauben
Der Hohn des Tyrannen nicht rauben.«

»Und ist es zu spät, und kann ich ihm nicht,
Ein Retter, willkommen erscheinen,
So soll mich der Tod ihm vereinen.
Des rühme der blut'ge Tyrann sich nicht,
Daß der Freund dem Freunde gebrochen die Pflicht,
Er schlachte der Opfer zweie
Und glaube an Liebe und Treue!«

Und die Sonne geht unter, da steht er am Tor,
Und sieht das Kreuz schon erhöhet,
Das die Menge gaffend umstehet;
An dem Seile schon zieht man den Freund empor,
Da zertrennt er gewaltig den dichter Chor:
»Mich, Henker«, ruft er, »erwürget!
Da bin ich, für den er gebürget!«

Und Erstaunen ergreifet das Volk umher,
In den Armen liegen sich beide
Und weinen vor Schmerzen und Freude.
Da sieht man kein Augen tränenleer,
Und zum Könige bringt man die Wundermär';
Der fühlt ein menschliches Rühren,
Läßt schnell vor den Thron sie führen,

Und blicket sie lange verwundert an.
Drauf spricht er: »Es ist euch gelungen,

Ihr habt das Herz mir bezwungen;
Und die Treue, sie ist doch kein leerer Wahn –
So nehmet auch mich zum Genossen an:
Ich sei, gewährt mir die Bitte,
In eurem Bunde der dritte!«

Gert Richter

Studium Soziologie, Psychologie in Heidelberg.
Ausbildung zum Texter in einer Werbeagentur.
Freiberuflicher Texter (Fachanzeigen, Prospekte,
Bedienungsanleitungen, Drehbücher für
Dokumentationen).
Creative Director der JWT Corporate
Communications, Frankfurt.
Gert Richter Werbeforschung: erste Datenbank der
Werbung in Deutschland.
Geschäftsführender Gesellschafter Claimcheck S.à.r.l.
in Chardonne, Schweiz.
Gründung no es nada Verlag, Chardonne.
Deutschlehrer bei Berlitz und Inlingua, Lausanne.
SVEB Zertifikat als Lehrberechtigung für
Erwachsenenbildung.

Angstlabyrinth
Roman.

Nach langen inneren Kämpfen findet Paul mit Hilfe
seiner Freundin Kimo einen überraschenden Ausweg
aus dem Angstlabyrinth unserer Zeit, unserer
Gesellschaft, unserer Denkschablonen.

Mittwoch um drei
Roman.

Alice muss zusehen, wie David sich in seine junge Psychologin verliebt. Die aufwühlende Geschichte einer offenen Untreue, die eine Ehe rettet und eine abgestandene Liebe wiederbelebt.

Anne lieben
Roman.

Martin möchte Anne kennen lernen, verstehen lernen, lieben lernen. Aber sie lässt es nicht zu, entzieht sich immer wieder in den Traumraum. Welches Geheimnis trägt sie mit sich herum?

Alles hinschmeissen?
Eine etwas andere Liebesgeschichte.

Ein spontaner Ausstieg aus Familie, Karriere, Umgebung könnte Bernards Leben in die Brüche gehen lassen. Es ist nahe dran. Aber er hat eine kluge Frau, und die hat einen Plan.

Das Rote Pferd
Satirischer Kriminalroman.

PR-Berater Vivaldi und seine Assistentin Debbie sollen die rätselhafte Geschichte um eine angebliche

Kunstfälschung aufklären. Ein unblutiger, fröhlicher Krimi um Machenschaften zwischen Medien und Hochfinanz.

Der Hoffnung trauen
Roman.

Was tun, wenn plötzlich ein berühmter Filmstar völlig aufgelöst vor der Tür steht und um Hilfe bittet? Stefan lässt die Schauspielerin ein, in sein Haus, in sein Leben. Dieser Roman schildert die Begegnung von zwei fremden Menschen in einer Grenzsituation.

Diesen Roman gibt es auch in einer französischen Version: **Faire confiance à l'espoir**

Froschgeschichten
Satiren und Nonsense.

Frösche sind auch nur Menschen, und sie erleben allerlei Wunderliches. Eine Anthologie von köstlichen Geschichten, Quatschgedichten und allzu Philosophischem.

Ein unbemerktes Leben
Theaterstück.
Angeregt von dem Gedicht "Menschen" von Jewgeni Jewtuschenko: Die vermeintlich demente Lisa Lem,

unbeachtet im Rollstuhl in die Ecke geschoben, erinnert sich an ihr Leben.

Nähere Informationen über diese Bücher finden Sie auf der Autorenseite von Amazon:
`https://www.amazon.de/Gert-Richter/e/B009L56VN0`